E N S I N O

IMPRENSA DA UNIVERSIDADE DE COIMBRA
COIMBRA UNIVERSITY PRESS

EDIÇÃO
Imprensa da Universidade de Coimbra
Email: imprensa@uc.pt
URL: http//www.uc.pt/imprensa_uc
Vendas online: http://livrariadaimprensa.uc.pt

COORDENAÇÃO EDITORIAL
Imprensa da Universidade de Coimbra

CONCEÇÃO GRÁFICA
António Barros

INFOGRAFIA
Nuno Riço

PRINT BY
CreateSpace

ISBN
978-989-26-1034-4

ISSN DIGITAL
978-989-26-1035-1

DOI
http://dx.doi.org/10.14195/978-989-26-1035-1

DEPÓSITO LEGAL
400111/15

© OUTUBRO 2015, IMPRENSA DA UNIVERSIDADE DE COIMBRA

# RESUMO DOCUMENTAL
## UMA INCURSÃO À (DES)CONSTRUÇÃO CONCETUAL NA LITERATURA CIENTÍFICA

MARIA DA GRAÇA DE MELO SIMÕES

IMPRENSA DA
UNIVERSIDADE
DE COIMBRA
COIMBRA
UNIVERSITY
PRESS

**DEDICATÓRIA**

À minha irmã

**PREFÁCIO**

Ocupando papel decisivo, especialmente no meio acadêmico, o resumo constitui elemento essencial à representação de uma produção científica ou técnica, atuando como efetiva síntese de conteúdo informacional. Em outras palavras, pode-se dizer que o resumo ocupa importante papel para a divulgação do conhecimento produzido, assim como atua como instrumento de pesquisa privilegiado em distintas bibliografias e bases de dados.

A questão dos resumos ganhou destaque no cenário científico internacional a partir da segunda metade do século XIX, com a explosão informacional, com a crescente geração de literatura científica e técnica, principalmente por meio de publicações periódicas especializadas, o que levou à necessidade de um meio mais rápido e sucinto de acessar tal informação, representando ao pesquisador uma efetiva economia de tempo de investigação.

O processo de elaboração de resumos, também denominado condensação documental, deve pautar-se por preocupações de natureza metodológica que permitam que se chegue a um produto objetivo, claro, conciso e preciso: o resumo.

Dessa forma, o resumo apresenta lógica e vocabulário próprios, distintos do texto-fonte, ainda que se trate de um documento referencial. Nele, o resumidor imprime seu estilo e redação para expressão da tematicidade do documento original ou mesmo depender da leitura deste para que seja compreendido. Tais aspectos exigem do resumidor o desenvolvimento de processos de natureza lingüística, cognitiva, formal, lógica e pragmática que permitam a representação condensada da informação (KOBASHI, 1997).

Como destaca Iglesias Maturana (1992), o resumo visa, de forma geral, a auxiliar o leitor, fornecendo-lhe o máximo de informação - de modo a que decida se a leitura do documento na íntegra lhe é conveniente ou não - bem como auxiliar em buscas por computador. Em termos específicos, visa a indicar a natureza da informação contida no documento original, sugerir a conveniência de se obter o documento para um estudo intensivo, proporcionar ao leitor um meio rápido de manter-se informado em sua área de interesse, guiando-o para uma literatura mais objetiva do trabalho original a partir de seus aspectos mais significativos.

A depender do tipo de documento-fonte e da comunidade a que se destina, o resumo pode apresentar-se de diferentes formas, o que exige procedimentos distintos para sua elaboração.

O tema da condensação documental é ainda pouco explorado na literatura ibero-americana de Ciência da Informação, em que se verificam ainda poucas abordagens relativas ao seu desenvolvimento no âmbito da análise documental de conteúdo e à sua interface com outros procedimentos específicos da análise documental, tais como a leitura e a representação (Cunha, 1989, 1990; Guimarães; Sales, 2010; Smit, 1987; Kobashi, 1994; Luz, 1996; Guimarães, 2005), à sua aplicação em universos documentais específicos (Guimarães, 2000; Pinto Molina, 2003), aos problemas de natureza terminológica nela incidentes (Montesi; Gil Urdiciain, 2006).

Visando a contribuir com esse cenário ainda incipiente de literatura sobre tão importante temática, Maria da Graça de Melo Simões ora nos brinda com a obra intitulada "Resumo documental: uma incursão à (des)construção conceitual na literatura científica". Atuando como Professora Auxiliar da Faculdade de Letras da Universidade de Coimbra, no Curso de Ciência da Informação Arquivística e Biblioteconómica, onde assegura as cadeiras relacionadas com a Organização do conhecimento (desde 1998), a autora tem Doutoramento em Ciência da Informação pela Universidade de Salamanca (2010) e Mestrado (2007) em Ciência da Informação pela Faculdade de Letras da Universidade de Coimbra, tendo vasta produção científica na área de Representação da informação e organização do conhecimento.

A obra, redigida de forma ao mesmo tempo cientificamente muito bem fundamentada mas com clareza e objetividade que lhe conferem importância para o uso didático-pedagógico, inicia-se apresentando os resumos em seus aspectos conceituais e históricos para, em seguida, adentrar nos traços distintivos que lhe são inerentes: função, tipologia, autoria, densidade informativa, forma de apresentação e estrutura.

Um segundo momento da obra dedica-se ao aspecto metodológico da condensação documental, abordando a definição do objeto, a classificação dos documentos, o processo analítico, a terminologia a ser empregada, as questões de estilo, a extensão, a apresentação e a aferição de qualidade do resumo documental.

Por fim, o resumo documental é analisado comparativamente a outros recursos documentais, em especial no que tange a suas convergências e dissonâncias com os catálogos alfabético e sistemático de assuntos.

Ao final, a autora nos brinda com uma farta e significativa bibliografia, fruto de uma criteriosa investigação.

Como se pode observar, trata-se de uma obra que marca seu efetivo lugar na literatura internacional da Ciência da Informação, trazendo subsídios não apenas à investigação mas, e principalmente, ao universo didático-pedagógico da área.

Marília – SP (Brasil), 31 de março de 2015.

José Augusto Chaves Guimarães
Professor Catedrático - Departamento de Ciência da Informação
Universidade Estadual Paulista

**SUMÁRIO**

INTRODUÇÃO ................................................................................. 13

CAPÍTULO I RESUMO DOCUMENTAL: CONSIDERAÇÕES GERAIS ........ 17

    1.1 Aceção linguística e aceção documental ..................................... 19

        1.1.1 Aceção linguística: sinopse de um percurso ..................... 20

        1.1.2 Aceção documental: definição e características ................ 23

        1.1.3 Outros documentos similares ao resumo ........................ 33

    1.2 Origem histórica do resumo ..................................................... 37

        1.2.1 Das civilizações pré-clássicas ao advento
             da civilização moderna ................................................ 38

        1.2.2 As academias científicas e a revista científica .................. 42

        1.2.3 Revista de resumos ....................................................... 46

        1.2.4 Serviços de resumos ..................................................... 59

CAPÍTULO II RESUMO DOCUMENTAL:
SÍNTESE CONCETUAL DE ALGUNS FRAGMENTOS ............................ 69

    2.1 Função ................................................................................... 71

    2.2 Tipologia ................................................................................ 76

        2.1.1 Autoria ........................................................................ 79

        2.2.2 Nível de descrição analítica/densidade informativa ........... 89

    2.3 Forma de apresentação ............................................................ 106

    2.4 Estrutura ................................................................................ 121

        2.4.1 Secção de referência ..................................................... 122

2.3.2 Corpo do resumo .............................................................. 131
2.3.3 Secção da assinatura ........................................................ 133
2.3.4 Localização do resumo .................................................... 134

CAPÍTULO III RESUMIR: TRAJETÓRIA DE UM PROCESSO ................ 137
   3.1 Resumir: considerações gerais ................................................. 139
      3.1.1 Definição ........................................................................ 139
      3.1.2 Objeto – Documento ..................................................... 142
      3.1.3 Classificação dos documentos ....................................... 148
   3.2 Fases da elaboração de um resumo documental ..................... 155
      3.2.1 Plano geral do processo de resumir .............................. 157
      3.2.2 Processo analítico .......................................................... 177
      3.2.3 Redação do resumo:
           terminologia, estilo, extensão e apresentação ................ 199
      3.2.4 Aferição da qualidade do resumo documental .............. 204

CAPÍTULO IV O RESUMO DOCUMENTAL RELATIVAMENTE
A OUTROS RECURSOS DOCUMENTAIS ................................................ 209
   4.1 Afinidade entre o resumo documental, o catálogo alfabético de assuntos e o catálogo sistemático ............................................. 211
   4.2 Divergências entre o resumo documental, o catálogo alfabético de assuntos e o catálogo sistemático ............................................. 213

CONSIDERAÇÕES FINAIS ................................................................ 217

BIBLIOGRAFIA ................................................................................. 221

**INTRODUÇÃO**

Este trabalho de síntese pretende ser uma obra didática sobre um tema específico, o resumo documental, entendido numa perspetiva teórico-metodológica. Tem como objetivo geral dar a conhecer a relevância que o resumo documental ocupa na divulgação e no acesso à informação e ao conhecimento, em especial no que se refere à literatura científica. Propõe ainda apresentar um conjunto de práticas normalizadas para a sua elaboração.

O objeto do nosso estudo é abordado em dois âmbitos: como produto documental, referindo-se num primeiro tempo, as considerações gerais sobre a sua aceção linguística e documental e a sua origem e, num segundo, os aspetos relacionados com as suas características, funções, tipologia e estrutura. Outro aspeto de relevo também considerado é o processo da sua elaboração. Neste percurso é apresentada e descrita a metodologia considerada na sua construção, destacando-se em particular as fases de elaboração, os procedimentos e a linguagem e terminologia que são usadas na redação. São também analisadas individualmente e comparativamente as normas internacionais que orientam a sua elaboração, textos que atestam o seu interesse internacional e institucional, ao mesmo tempo que são uma garantia da sua qualidade.

Neste ponto, são também mencionados e analisados os princípios que devem ser considerados antes de iniciar-se o processo de elaboração de um resumo, como a observação do documento que lhe serve de base, a necessidade de se atender às competências do resumidor e de considerar o seu destinatário. A presença destes três elementos é, por si só, a caução no que respeita à qualidade de um resumo, na medida em que se trata de elementos decisivos na sua elaboração.

Dada a relevância que o resumo assume no contexto de outros produtos bibliográficos secundários, concretamente o catálogo alfabético de assuntos e o catálogo sistemático, em especial no que se refere à complementaridade da informação, este capítulo encerra com uma análise comparativa entre o resumo documental e estes.

As razões que concorreram para a elaboração deste trabalho prendem-se com motivos de natureza teórica e de índole prática. De entre eles salienta-se o crescente aumento da produção científica na *World Wide Web* (WWW), nomeadamente no que se refere à presença das revistas científicas, quer seja no que respeita àquelas que são disponibilizadas em acesso aberto, quer às que se encontram em acesso restrito. Considerando as particularidades do resumo, de entre as quais se salientam as enunciadas por Lancaster[1]: ser um texto breve, condensado, objetivo e preciso, ao mesmo tempo que expressa a informação de forma exaustiva e completa, de modo a conservar a integridade do conteúdo e a estrutura do documento em que se baseia, é um recurso documental excecional para a divulgação e seleção dos artigos que compõem este tipo de revistas. Entre outras áreas salientam-se as revistas das Tecnologias e da Saúde, em particular a última onde desenvolveu e consolidou a sua estrutura, a partir da década de 80 do século XX. Por isso, pode afirmar-se que o resumo se impõe e ganha cada vez mais relevância nestes ambientes, pelas suas características endógenas. Uma outra razão que interessa salientar é o papel que ele pode

---

[1] LANCASTER, Frederick W. – *Indexing and abstracting in theory and practice.* 1991. P. 86.

assumir como substituto do documento original. Tomando como ponto de apoio as características enunciadas, pode afirmar-se que, em algumas circunstâncias, sobretudo nos casos em que um resumo apresenta a informação completa do documento base, assim como a sua estrutura, ele poderá substituí-lo. Este facto concorre para uma economia de tempo e de custos no que se refere ao acesso ao documento original, em especial se este se encontrar em revistas de acesso restrito.

Por último, não pode deixar de relevar-se o facto de o resumo ser um recurso essencial para aqueles que trabalham na área da investigação científica. Entre outros usos, ele constitui um elemento imprescindível a todos os que participam em conferências e em congressos. Neste contexto, ao envio das comunicações, precede a submissão do resumo das mesmas, sendo este o elemento decisivo na seleção destes trabalhos. Dado o seu interesse e, por esta razão, entendeu-se de alguma utilidade abrir um capítulo que abordasse a questão da elaboração do resumo científico.

Além das razões mencionadas, o resumo, hoje, como ontem, continua a ser um recurso singular da divulgação, acesso e atualização da informação, uma vez que, em determinados casos, antecipa a publicação da literatura científica. Pela revisão bibliográfica efetuada é notória a importância desta característica, em particular para a comunidade científica, que assenta essencialmente sobre dois eixos estruturantes, a produção e o consumo da informação, a qual, neste meio, se pretende sempre atualizada. Para isso, tal como refere Simões[2], o resumo é um dos meios mais céleres e credíveis, da disseminação da informação científica, ideia, que de resto, aparece de forma dispersa na maioria dos estudos produzidos sobre este assunto, desde o século XX até à atualidade.

---

[2] SIMÕES, Maria da Graça; FERREIRA, Carla – Resumo e abstract: evolução morfológica e semântica. 2014. P. 533.

No que se refere à metodologia usada, como estudo de síntese que é, ela assenta numa revisão bibliográfica. Foram consultados sobretudo monografias e artigos, impressos e em *online*. Estas obras, quanto à natureza podem sistematizar-se em dois conjuntos: aquelas que estudam o resumo numa dimensão teórica, onde são apresentados os seus fundamentos, o desenvolvimento, a consolidação e todas as variáveis que compõem este processo diacrónico de afirmação e outras de natureza teórico-prática, que expõem as fases e os procedimentos da sua elaboração. Da segunda tipologia fazem parte essencialmente os manuais e as normas internacionais, em particular a ISO 214:1976: *Analyse pour les publications et la documentation* e a ANSI Z39.14-1997: *Guidelines for abstracts*.

Os autores que foram consultados, em termos geográficos situam-se na Europa e nos Estados Unidos da América. As obras em questão datam de meados do século XX até à atualidade. O aspeto mais relevante dos seus estudos encontra-se no modo como apresentam e analisam a complexidade inerente aos resumos que, desde logo, se manifesta na sua conceção morfológica, concretamente no que se refere à tipologia e à estrutura. Com o propósito de se atingir um melhor entendimento dos resumos, em particular no que se refere à sua tipologia, foram sendo apresentados exemplos ao longo do trabalho. A complexidade de resumir é de tal modo significativa, que Cremmins[3] a considera *uma arte*, como pode verificar-se no título que atribui a uma obra sobre a referida temática; a isso não será estranho o engenho da construção dos resumos, pois são muitas e diversas as variáveis e condicionantes que nela intervêm.

---

[3] CREMMINS, Edward T. – *The art of abstracting*. 1982.

# CAPÍTULO I

**RESUMO DOCUMENTAL: CONSIDERAÇÕES GERAIS**

# RESUMO DOCUMENTAL: ACEÇÃO LINGUÍSTICA E ACEÇÃO DOCUMENTAL. ORIGEM HISTÓRICA

Neste primeiro ponto é propósito abordar o assunto objeto de estudo: o resumo documental sob duas perspetivas: a aceção linguística e a aceção documental. Conclui-se este ponto, que se considera introdutório, porém relevante e imprescindível ao entendimento dos pontos que se seguem, com um breve registo histórico.

## 1.1. Aceção linguística e aceção documental

Para um melhor entendimento do tema entende-se que seria vantajoso apresentar, não só a definição de resumo, na aceção documental, mas também a definição deste termo na aceção linguística. Esta decisão prende-se pelo facto de se entender que a aceção linguística complementa semanticamente a definição de resumo documental, concorrendo esta circunstância para um melhor entendimento do assunto considerado[4]. Com a finalidade de consolidar este ponto, serão ainda registadas outras considerações teóricas relevantes, tais como uma breve alusão aos documentos similares do resumo e a sua origem e evolução histórica.

---

[4] SIMÕES, Maria da Graça; FERREIRA, Carla – *Resumo e abstract: evolução morfológica e semântica*. Biblos. Vol, 11. 2014. P. 531- 550.

## 1.1.1. Aceção linguística: sinopse de um percurso

No que se refere à definição e desenvolvimento do termo resumo e respetivo significado, numa primeira fase, irá incidir-se sobre o aspeto etimológico. Bluteau[5], no *Vocabulario portuguez*, apresenta para o termo resumo os seguintes significados: recopilação e *somma*.

*O Dicionário geral e analógico da língua portuguesa*[6] de Artur Bivar atribui ao mesmo termo os significados: sinopse, compilação, compêndio e recapitulação.

No Dicionário etimológico da língua portuguesa de Antenor Nascentes[7] o termo resumo não figura[8], aparecendo, todavia, o verbo resumir. Segundo este dicionário, o termo deriva do étimo latino *Resumere*, que significa: tornar a tomar.

No que respeita a estes dois vocábulos: *o Dicionário Houaiss da língua portuguesa*[9] apresenta uma explicação muito completa sobre a sua origem etimológica e o seu percurso histórico. Para o termo resumo, entre outros significados, salientam-se os seguintes: *sumário; síntese; sinopse; exposição sintetizada de um acontecimento...; [exposição] das características básicas de alguma coisa com a finalidade de transmitir uma ideia geral...; apresentação abreviada... do conteúdo de [um] livro; recapitulação breve, sucinta; apanhado; bosquejo; breviário; compêndio; ementa; extrato; recopilação; ressunta; suma, súmula.*

---

[5] BLUTEAU, Raphael – *Vocabulário portuguez*. Tomo 7. 1720. P. 299.

[6] BIVAR, Artur – *Dicionário geral e analógico da língua portuguesa*. Vol. 2. 1952. P. 945.

[7] NASCENTES, Antenor – *Dicionário etimológico da língua portuguesa*. 1932. P. 688.

[8] Este caso foi também observado em outros dicionários etimológicos da língua portuguesa, entre os quais salienta-se o de Manuel Pina Cabral, que foi intensamente consultado para o estudo deste assunto e cuja referência bibliográfica se encontra na nota sete e outras.

[9] HOUAISS, António – *Dicionário Houaiss da língua portuguesa*. Vol. 3. 2003. P. 3164.

Neste dicionário, através de excertos de vários textos pode observar-se que este termo surgiu na segunda metade do século XVII. Porém, no que respeita ao termo resumir, a mesma obra refere que surgiu no século XV.

O percurso destes dois termos no idioma castelhano é muito idêntico: o advento da palavra resumo é também posterior ao termo resumir, como pode verificar-se pelo excerto de texto que passa a citar-se: *El substantivo resumen no habría aparecido por primeira vez en la lengua española hasta 1739, aunque su verbo respectivo resumir existiera ya desde 1570*[10].

Para se entender a referida situação é necessário recuar à Antiguidade Clássica, em particular à civilização romana, e à análise do termo *abstract*[11], que é usado no idioma inglês para representar as noções expressas pelo termo Resumo em outros idiomas. Ao efetuar-se esta análise observa-se que os romanos o usavam para exprimir conceitos como: *trazer, tirar por força, levar com violência*[12]. Face à atribuição destes significados a este termo, infere-se que este povo o usava num contexto bélico, particularmente quando se referia aos saques a que sujeitava os povos, por ele conquistados, circunstância que pode observar-se neste breve excerto:

> Abstract was apparently used by Roman armies as a term for pillaging conquered cities, to some, the virtue and power resided in the beautiful women; to others, in the strong men;

---

[10] MONTESI, Michela – *Métodos de evaluación y calidad de resúmenes documentales*. 2006. P. 31.

[11] Esta palavra resulta da contração da preposição abs* com o verbo trăho, is, xi, ctum, hĕre. Ver: CABRAL, Manuel de Pina – *Magnum lexicon novissimum latinum et lusitanum: ad plenissimam Scriptorum Latinorum interpretationem accomodatum*. 1864. P 6. Ver também: SKEAT, Walter W. – *An etymological dictionary of the english language*. 1924. P. 3.

[12] CABRAL, Manuel de Pina. *Ibidem*.

to others, in the jewels and other riches; to yet others, in the religious objects[13].

Se se relacionar este conceito com a noção expressa pelo termo resumo, concorda-se com Montesi quando afirma: *En ambas etimologias encontramos reflejados elementos constitutivos del resumen, tanto la idea de apartar y sacar lo mejor, [...] lo más importante (Abstract), como la de volver a tomar algo y expresarlo de una forma distinta (resumen)*[14].

Nos verbos latinos: *Abstrăho, is, axi, actum, ĕre, Trăho, is, xi, ctum, hĕre e Rĕsūmo, is, sumpsi, sumptum*, dos quais mais tarde irão derivar os substantivos: *Abstract* e *Resumo*, encontram-se implícitas as principais características destes substantivos, a saber: selecionar e extrair de um conjunto de algo o que nele existe de melhor: o essencial.

Outra questão que levanta o significado do termo Resumo, em alguns dicionários, prende-se com o facto de por vezes alguns atribuírem a este substantivo, que definimos como produto de algo, a mesma aceção semântica da ação ou processo, isto é do verbo – *Resumir*, situação que pode ser observada no *Dicionário da Língua Portuguesa Contemporânea*[15]. Este apresenta três significados para o termo *Resumo*, a saber: 1) *Ação ou resultado de resumir*; 2) *Exposição abreviada de um facto ou sucessão de acontecimentos, de um conjunto de ideias tendo em linha de conta apenas o que é essencial*. A mesma obra acrescenta ainda, como sinónimos, os seguintes conceitos: *apanhado, sinopse, sumário*; 3) *Síntese do conteúdo de um livro, artigo, texto...*

---

[13] O' CONNOR, B. C. – *Explorations in indexing and abstracting: pointing, virtue and power*. Englewood: Library Unlimited, Inc. 1996. P. 9.

[14] MONTESI, Michela – *Ibidem*.

[15] ACADEMIA DAS CIÊNCIAS DE LISBOA – *Dicionário da língua portuguesa contemporânea*.Vol.2. 2001. P.3231.

Neste dicionário pode observar-se que, na primeira aceção existe uma sobreposição de significados, ao apresentar o conceito resumo, definido como processo e como produto. Entende-se esta posição como ambígua, pois são duas realidades de diferente natureza, como se poderá verificar no ponto deste trabalho dedicado ao processo de resumir[16].

Regista-se ainda que, ao longo desta análise etimológica, também se foi observando que as palavras que os dicionários apresentam como sinónimos, quando incluídas no contexto documental, apenas devem ser consideradas como parassinónimos, na medida em que são palavras cujo significado se situa no mesmo campo semântico, mas não se sobrepõem a nível de significado, em particular, quando considerado neste âmbito[17].

Perante esta sucinta análise linguística e, a título de síntese, pode concluir-se que um resumo é um texto abreviado no qual se encontram registadas, de forma condensada, as ideias essenciais de um texto, fenómeno ou acontecimento. As noções de: breve, essencial e condensado são as que mais caracterizam um resumo, no sentido geral do termo. Estas noções em simultâneo, com a de objetividade, são aquelas que o particularizam, na sua aceção documental.

## 1.1.2. Aceção documental: definição e características

No que se refere à aceção documental, apresenta-se um conjunto de definições do termo resumo expressas por dois organismos de normalização, a ISO e a ANSI, e também por alguns autores que se debruçam sobre a análise e representação da informação.

---

[16] Ver capítulo 3.

[17] Este assunto será retomado e analisado no ponto: 1.1.3 (outros produtos similares ao resumo).

Dada a importância que a ISO assume como organismo internacional regulador de diversas áreas do conhecimento, no caso concreto, a da Documentação, começa por apresentar-se a definição que consta na ISO 214:1976 (F): *Dans la présente Norme Internationale, le terme analyse signifie une représentation abrégée et précise du contenu d'un document, sans interprétation ou critique et sans distinction de l'auteur de l'analyse*[18].

Devido à sua larga difusão, em especial no mundo anglo-saxónico, passa a apresentar-se a definição mencionada pela norma americana para a elaboração de resumos Norma ANSI Z39.14-1997[19].

Segundo esta norma entende-se por resumo (*Abstract*): *A brief and objective representation of a document or an oral presentation.*

Como pode constatar-se, esta Norma apresenta uma definição muito sucinta, na qual se destacam essencialmente os aspectos da brevidade e da objetividade, de resto, características singulares de um resumo, considerando-se a brevidade a mais evidente, quando se compara o resumo com o original[20]. Refere ainda, que um resumo poderá ser elaborado com base num documento ou a partir de uma apresentação oral.

---

[18] ISO 214:1976, 2. Esta Norma é o resultado da revisão da norma publicada em 1961. É uma norma bem estruturada, na medida em que os elementos se apresentam correctamente ordenados. Apresenta também um nível satisfatório de exaustividade no que se refere ao tratamento dos elementos. Dado o seu interesse para o estudo deste tema, passam a registar-se, de uma forma sucinta, os elementos que a constituem e que são: Introdução, definição, objetivos e campo de aplicação, tratamento do conteúdo dos documentos, ponto no qual se dá um significativo relevo à estrutura (OMRC): objetivos, metodologia, resultados e conclusão. Termina este ponto referindo a apresentação e o estilo que devem ser usados na redação de um resumo. Por último, em anexo, a título de exemplo, apresenta um conjunto de resumos dos tipos que refere.

[19] ANSI Z39.14_1997: *Guidelines for abstracts*, 3. Esta Norma foi publicada pelo Instituto Nacional Americano de Normalização (NISO) e é uma atualização da Norma Z39.14-1971. Apesar da estrutura do texto ser semelhante à da Norma ISO 214-1976, contudo, o nível da descrição dos elementos que apresenta é superior ao da referida norma.

[20] BORKO, Harold; BERNIER, Charles L. – *Abstracting concepts and methods*; 1975. P. 67.

No que respeita à NP 418(1988)[21] e à UNE 50-103-1990[22], nenhuma delas apresenta alterações significativas relativamente à ISO 214:1976. Pelo facto destas alterações não serem relevantes, dispensamo-nos de as registar neste ponto.

Muitos foram os autores que se dedicaram a estudos no âmbito da teoria da indexação (análise, representação e recuperação da informação por assunto) que estudaram este tema – a elaboração e o papel do resumo documental, designadamente no que respeita à disseminação da produção científica. Em seguida passa a apresentar-se a definição para este documento secundário, que é proposta por alguns deles. Nesta análise, atende-se essencialmente às características que são comuns à maioria das definições consideradas.

Chaumier apresenta a definição de resumo como: *[...] l'opération de condensation a pour object la production d'un "résumé"...qui facilitera la diffusion de l'information contenue dans le document, ainsi que son stockage dans un fichier. Le résumé devient un document secondaire qui sert de relais entre l'utilisateur et le document de base ou "document primaire"*[23].

Nesta definição podem constatar-se algumas particularidades do resumo: uma delas tem a ver com o seu processo de elaboração: um resumo é sempre um processo de condensação; as outras têm a ver com o seu fim – o produto propriamente dito. Efetivamente, tal como refere o autor, um resumo tem, entre outros propósitos, os seguintes: a difusão da informação, facilitar o seu armazenamento. Na definição que apresenta, refere ainda uma outra característica relevante deste tipo de documento. Para este autor um resumo é um documento secundário, que serve de mediador entre o utilizador e

---

[21] PORTUGAL. Instituto Português da Qualidade – NP – 418: *Documentação: Resumos analíticos para publicações e documentação*. 1988.

[22] UNE 50-103 *Documentación. Preparación de resúmenes*. Madrid: AENOR, 1990.

[23] CHAUMIER, Jacques – *Travail et méthodes du/de la documentaliste*. 1993. P. 34.

o respetivo documento primário. Neste sentido, pode inferir-se que um resumo é sempre um documento intermediário.

Cremmins, na sua obra *The art of abstracting*, apresenta uma parte significativa daquela que é referida por The American National Standards Institute, que passa a citar-se: *An abstract is defined as an abbreviated, accurate representation of the contents of a document, preferably prepared by its author(s) for publication with it. Such abstracts are also useful in access publications and machine--readable data bases*[24].

A esta exposição concetual Cremmins acrescenta um conjunto de características que são particulares a este produto documental, a saber: *ser bem estruturado, conciso, coerente* e partir de uma base analítica exaustiva do documento que lhe serviu de ponto de partida[25]. Na sua definição Cremmins, de uma forma explícita, refere-se à fase mais complexa da elaboração de um resumo que é a análise do documento original.

Para Peñas Huertas, um resumo é: *[...] una representación abreviada de un documento, el producto de transformación que experimenta como consecuencia del doble proceso de análisis y síntesis: permite al usuario determinar la pertinencia e interés del mismo*[26].

Deste modo, esta autora apresenta uma definição de resumo muito abrangente e completa, ao referir duas que são intrínsecas a um resumo: a representação de um documento original e a brevidade dessa representação. Nela encontra-se ainda, de forma implícita, o processo que lhe dá origem: a análise e a síntese; de uma forma muito clara pode observar-se qual o fim de um resumo: permitir ao utilizador, através deste, avaliar o interesse do documento que lhe serviu de base.

---

[24] CREMMINS, Edward T. – *The art of abstracting*. 1982. P. 3.
[25] *Ibidem*.
[26] PEÑA HUERTAS, Maria José – *Resumen documental*. 2012. P. 3.

Donald Cleveland e Ana Cleveland apresentam a seguinte definição: *A condensed, representative surrogate of a knowledge record. A narrative description of a document, which may include pertinent data and critical comments*[27].

Com base na análise desta definição pode inferir-se que, para estes autores, um resumo é um documento condensado e representativo do conteúdo expresso num documento original que lhe serviu de base; podemos ainda subentender que é um documento que poderá substituir esse documento.

O segundo período encerra algo problemático, ao referir que um resumo poderá incluir dados pertinentes e ocasionalmente comentários críticos. Na nossa perspetiva, tal situação apenas poderá ocorrer relativamente aos resumos críticos, pois nenhum outro tipo de resumo deverá expressar críticas. Quanto à eventual pertinência que é referida pelos autores, ela deverá, por princípio, ter informação relevante. A não observância deste princípio concorrerá inevitavelmente para o não cumprimento de uma das suas funções, que é a de facultar a quem o lê a possibilidade de avaliar o interesse da consulta do documento original. Pelos motivos enunciados, a informação proporcionada pelos resumos deverá ser imparcial e rigorosa.

A corroborar esta opinião encontram-se Lancaster, Fugmann e Rowley. As definições que apresentam para o termo resumo têm como denominador comum as ideias de exatidão e precisão da informação contida no documento original que estes documentos secundários devem possuir.

Com vista a uma interpretação clara da nossa posição passam a apresentar-se as três definições preconizadas pelos autores mencionados. Para Lancaster, um resumo é: *An abstract is a brief but*

---

[27] CLEVELAND, Donald B.; CLEVELAND, Ana D. – *Introduction to indexing and abstracting*. 2001. P. 251.

*accurate representation of the contents of a document*[28]. No que se refere à extensão, este autor refere que, quanto menor for a extensão de um resumo, maior será a sua qualidade, desde que não afete a sua exatidão concetual[29]. Fugmann define resumo como: [...] *an abbreviated, accurate, and clear representation of the contents of a document*[30]. Por ultimo, Rowley descreve um resumo do seguinte modo: [...] *is a concise and accurate representation of the contents of a document, in a style similar to that of the original document*[31].

Nas três noções encontra-se a ideia de que um resumo deve ser fiel ao conteúdo do documento original e, por essa circunstância, ele deverá ser objetivo, sem incluir juízos de valor por parte de quem o elabora.

A ideia de objetividade, na maioria dos casos, é uma ideia transversal a todos os autores. Dela comunga também Pinto Molina, quando se refere às qualidades/características que um resumo deve possuir, registando-a em primeiro lugar. A esta característica seguem-se a brevidade, a relevância, a clareza de ideias, a coerência e a profundidade informacional, a última de acordo com os tipos de resumos que pretendem elaborar-se[32].

Esta autora apresenta uma definição de resumo que se considera particularmente simples e simultaneamente complexa. Ao mesmo tempo que à semelhança de outros autores, descreve um resumo como um texto breve e representativo do conteúdo de um documento, atribui-lhe, também, como características, o facto de ser autónomo e diverso[33].

---

[28] LANCASTER, F. W. – *Indexing and abstracting in theory and practice*. 1991. P. 86.

[29] *Idem*, p. 97.

[30] FUGMANN, Robert – *Subject analysis and indexing: theoretical foundation and practical advice*. 1993. P. 114.

[31] ROWLEY, Jennifer E. – *Abstracting and indexing*. 1982. P. 9.

[32] PINTO MOLINA, Maria – *El resumen documental: paradigmas, modelos y métodos*. 2001. P. 161.

[33] *Idem*, p. 160.

As duas últimas características estão relacionadas diretamente com o texto base. A autonomia prende-se com o facto de um resumo apresentar uma independência formal e concetual, relativamente ao original, o que concorre para que, nesta circunstância, se possa considerar um novo texto; neste modelo ele apresenta marcas específicas de textualidade. No que respeito à particularidade de ser diverso, ela tem a ver com o facto de se poder elaborar mais do que um tipo de resumo a partir do documento original. A escolha da modalidade depende, essencialmente, do documento original e do destinatário do resumo, enfim, dos seus propósitos.

Termina-se esta informação sobre as características do resumo referindo duas outras particularidades: o resumo como metainformação e o resumo como macroestrutura textual.

Um resumo é sempre um documento secundário, na medida em que é elaborado com base num outro texto, num documento primário[34]. Partindo-se deste pressuposto, ele é um documento que representa a informação contida noutro documento. De uma forma geral, representa o seu conteúdo ao mesmo tempo que reproduz a sua estrutura.

Quanto ao conteúdo, importa referir que se seleciona do documento primário a informação que se julga ser a fundamental para lhe conferir uma autonomia semântica. A seleção da informação

---

[34] Entende-se por primário o documento que lhe serve de base. Em determinadas situações um resumo poderá ser elaborado a partir de um outro resumo. É o caso dos resumos que são construídos a partir de resumos de trabalhos académicos, como, por exemplo as teses. Devido à sua natureza e a determinadas circunstâncias, com frequência é necessário elaborar resumos extensos, por vezes com mais de trinta páginas. Estes resumos, pese embora a sua extensão, possuem a estrutura e as características de um resumo científico, o que se compreende pelo facto de o texto no qual se baseiam pertencer a esta categoria. Para uma maior e mais fácil divulgação nos meios académicos e científicos, por vezes elabora-se um resumo mais abreviado, de tipo informativo. Importa referir que ambos os resumos se enquadram no esquema (OMRC), a estrutura formal que os resumos científicos devem cumprir. Essa estrutura assenta nas seguintes rubricas: Objetivos, metodologia, resultados e conclusões, pontos-chave de um texto científico e, consequentemente, do resumo ao qual dá origem.

obedece a critérios lógicos e linguísticos, e será organizada de forma a construir um novo texto independente do documento de origem. Como já foi referido, é um texto caracterizado pela condensação e brevidade, cuja mensagem é representada por meio de uma linguagem natural. Embora não se trate de informação original, através de um resumo veicula-se um outro tipo de informação – a informação secundária, cuja elaboração foi baseada em critérios e normativas próprias. Uma parte substancial da informação contida no texto original ficou para trás, devido ao facto do procedimento ao qual está sujeita a elaboração de um resumo assentar num processo dicotómico de seleção/omissão. Deste processo concetual permanece apenas a informação relevante[35], pois é esse o objetivo de um resumo – condensar o conteúdo com valor informativo. É no cumprimento deste intento que um resumo é uma estrutura metainformacional. Esta independência semântica é também observada no que concerne à sua arquitetura formal. Mesmo sendo desejável que respeite a estrutura do texto original, um resumo acaba sempre por possuir uma estrutura própria, pautada pela coerência e pela consistência linguísticas. É esta estrutura lógica e linguística que confere ao resumo uma autonomia semântica e formal.

Pelo exposto, pode inferir-se que o resumo é uma *macroestrutura*[36]. Como qualquer macroestrutura textual é caracterizada por ser uma unidade semântica global inserida numa estrutura formal coesa e consistente, cujo propósito é convergir para uma unidade semântica inteligível e independente do texto original. A macroestrutura é constituída por uma cadeia lógica de orações que se relacionam entre si, de forma a constituírem uma sequência

---

[35] MOREIRO GONZÁLEZ, José Antonio – *El contenido de los documentos textuales: su análisis y representación mediante el lenguaje natural*. 2004. P. 223.

[36] Segundo DIJK, Teun A. Van, uma macroestrutura é uma representação abstrata da estrutura global do significado de um texto. La ciência del texto. Cap. 2. (Texto e gramática). 1997. P. 31-78.

discursiva que se traduz numa unidade concetual autónoma, neste caso concreto – o resumo. Esta unidade é formada pelas ideias-chave do texto, que se organizam formalmente numa sequência de proposições e orações reguladas por um conjunto de regras sintáticas e semânticas.

Para se atingir a harmonização concetual num resumo, idealmente o analista deverá respeitar o mais possível a ordem sequencial que estas ideias apresentam no documento original. Se não atender a este grande pormenor, o mais provável é ele cair num conjunto anárquico de expressões, afastando-nos, por isso, da unidade semântica global, que é o objetivo desejável. Neste sentido, caso isso ocorra ir-se-á construir uma sequência de extratos que, na maioria dos casos, se pauta pelo défice de coerência textual cujo significado, por esse facto, não poderá ser apreendido.

Conclui-se, portanto, que a coerência é uma característica fundamental de um resumo, tanto a nível semântico como a nível formal. Isto é, os elementos que o compõem devem ser articulados entre si de modo a constituírem uma estrutura, e o seu registo deverá ser regular. Um resumo de qualidade terá de apresentar, de uma forma linear e inequívoca, a inter-relação semântica das proposições que o compõem, de modo a garantir a integridade da mensagem do texto original, ao mesmo tempo que deverá assegurar a inteligibilidade lógica/semântica do seu conteúdo, por forma a dar cumprimento à dinâmica funcional para que foi elaborado.

Após esta exposição das várias definições que são propostas para o termo resumo, pode concluir-se que se trata de um texto secundário autónomo[37], portanto, de uma metainformação produto de um processo de análise documental. Caracteriza-se

---

[37] Na nossa perspetiva esta é talvez uma das características mais significativas de um resumo. O facto de ser um texto autónomo confere-lhe a particularidade de, em alguns casos, substituir o próprio original.

essencialmente pelo facto de representar de forma abreviada, condensada e objetiva o conteúdo do documento que lhe dá origem. Por questões de identificação, apresenta na sua estrutura a referência formal do documento original no qual se baseia. Tal circunstância confere a este produto documental dois tipos de acesso ao documento primário: uma concetual, aquela que é relativa ao seu conteúdo e outra formal, esta última refere-se à descrição dos seus elementos, permitindo a sua localização física[38]. O facto de um resumo reunir estas duas características faz dele um dos instrumentos de representação da informação mais completos que existe no que respeita à expressão em si mesma, e no que se refere ao seu acesso.

O texto de um resumo deve ser claro, coerente e consistente, tanto no que se refere ao conteúdo como à sua estrutura. Para tal, deverá sujeitar-se às normas para a sua elaboração que são propostas pelos organismos de normalização. Preservar as características enunciadas e proceder em conformidade com as regras, normas e recomendações, sejam de referência bibliográfica e/ou referentes à apresentação de conteúdos, é contribuir indubitavelmente para a homogeneidade concetual e formal que, em última análise, irá convergir para a relevância da mensagem do texto original. Ao verificar-se tal situação, a recuperação da informação, no caso concreto baseada nos resumos, através dos suportes tradicionais (revistas impressas) ou através de suportes eletrónicos (bases de dados) será naturalmente pautada pela pertinência da informação.

Por último, salienta-se como característica o facto de o resumo ser produto de um processo que se pauta por duas intervenções documentais: a seleção/extração e redução concetual; processo que, de resto, se irá desenvolver no capítulo III.

---

[38] Esta informação encontra-se na secção do resumo.

> Documento secundário
> Breve
> Objetivo
> Condensado
> Conciso
> Coerente
> Intermediário
> Autónomo
> Estruturado
> Consistente
> Metainformação
> Macroestrutura textual

Figura 1: Características de um resumo

## 1.1.3. Outros documentos similares ao resumo

O facto de um resumo ser um texto breve e condensado do conteúdo informativo de um documento concorre para que, muitas vezes, se gere um certo equívoco com outros tipos de documentos idênticos, que apresentam características semelhantes a este documento secundário. Porém, entre elas há algumas diferenças significativas como por exemplo, nem todos eles serem independentes do documento original e, como tal, não poderem substituí-lo, e nem sempre apresentarem o nível de objetividade que caracteriza os resumos. Todavia, tal como os resumos, também eles representam os documentos que lhes estão na origem e nos orientam para os mesmos. Dada a sua importância, passa a expor-se aqueles que entendemos serem os que mais se prestam a este equívoco. São os seguintes: a *anotação*, o *extrato*, o *sumário*, a *recensão*, a *sinopse* e a *resenha crítica*[39]. Apesar da barreira semântica entre este tipo de documentos e o resumo ser ténue, existem, no entanto, algumas particularidades que autonomizam e consolidam a sua natureza específica, como é o caso da objetividade, primeiro atributo de um resumo científico.

Com o propósito de evitar qualquer tipo de constrangimento, no que se refere à ambiguidade entre estas tipologias concetuais a norma ISO 214-1976[40] e a ANSI/NISO Z39.14-1997, nos pontos relativos às definições de conceitos, definem o seu significado.

De acordo com as Normas mencionadas, pode referir-se que a *anotação* consiste numa breve explicação ou comentário de um documento ou acerca do seu conteúdo. Por vezes estas explanações carecem de objetividade e são, na sua maioria, menos extensas do que um resumo. A ISO 214-1976[41] acrescenta a circunstância de uma anotação também se poder registar junto à respetiva referência bibliográfica.

O *extrato*, como pode intuir-se da designação, é apenas uma parte retirada de um texto, tal qual se apresenta na totalidade do mesmo. Em determinados tipos de documentos, como nos de natureza científica, os extratos são, normalmente, retirados dos resultados e das conclusões, pelo facto de estes elementos textuais serem aqueles que apresentam informação mais relevante, em documentos com as características destes. Em outros documentos de natureza distinta, em que as partes estruturais não sejam tão explícitas, deverão procurar-se aquelas que contenham informação mais reveladora do seu conteúdo, e articular essas partes de uma forma coerente. Este procedimento deverá ter sempre em atenção a unidade concetual do documento.

---

[39] Muitos autores designam este tipo de documento resumo crítico.

[40] Ver ponto 2 e notas 1 e 2 da norma ISO 214-1976 e ponto 3 da ANSI Z39.14-1997.

[41] Norma ISO 214-1976, 2.

Esta descrição poder-nos-á levar a considerar que um *extrato* é um documento objetivo, porque é uma reprodução textual; porém, em determinadas situações, tal não acontece, por ele não representar com a precisão e a clareza desejáveis o verdadeiro conteúdo dos documentos, nos moldes em que isso é exigido a um resumo. Acresce o facto de um extrato não apresentar a estrutura formal própria de um resumo, independentemente da sua tipologia.

O *sumário* consiste numa breve reexpressão do conteúdo de um documento, sob a forma de secções, capítulos ou outras divisões textuais. Esta estrutura representa os resultados e as conclusões mais importantes do documento ao qual se refere. Esta informação tem como objetivo orientar a leitura de um documento e proporcionar ao leitor uma visão geral do texto, quer a nível de estrutura, quer a nível do conteúdo. Apesar de se poder situar no início ou no final do texto, geralmente localiza-se no início, por uma questão de natureza lógica relacionada com a sua função. Distingue-se do resumo por não ser um documento independente, na medida em que faz parte da estrutura formal do mesmo.

A *sinopse* é um breve texto, geralmente elaborado pelo autor do documento ao qual se refere. Tem como objetivo expor com maior clareza as ideias do texto, assim como as suas partes mais significativas.

Este formato de síntese também se afasta da noção do resumo científico, na medida em que enferma de subjetividade por ser elaborado pelo autor. Ao eleger as partes mais relevantes do texto, ele pode fazê-lo sob critérios pouco objetivos, mesmo que tal ocorra de uma forma inconsciente.

A importância conferida à objetividade e à especificidade, tidas como principais características dos resumos científicos, concorre para que alguns autores considerem a *sinopse* e a *recensão*, esta última também denominada *resenha crítica* ou *resumo crítico*, um tipo distinto de resumo. Tal circunstância prende-se essencialmente com o facto de estas sínteses apresentarem, entre outras características, as abordagens semânticas do analista, sobre o tema estudado[42]. Nesta perspetiva e, segundo Moreiro Gonzalez[43], os resumos podem ser objetivos e subjetivos. Os objetivos, associados à produção científica, não apresentam qualquer interpretação do analista, ao contrário dos resumos subjetivos. Este tipo de resumos apresenta, de uma forma geral, as ideias principais dos documentos originais, no contexto em que se inserem as opiniões de quem faz a análise, relativamente ao seu valor formal e à pertinência do tema, quer no que respeita à sua atualidade quer ao seu contributo para a área do conhecimento na qual se insere.

No que se refere à autoria destas sínteses, elas poderão ser elaboradas pelo próprio autor ou por um especialista da área do conhecimento que veiculam. Outro aspeto em que este tipo de textos diverge do resumo científico é o da extensão; no resumo crítico poderá ir até mil e quinhentas palavras, enquanto em outro tipo de resumos, na maioria, a sua extensão situa-se entre as cem e as trezentas palavras[44].

Pelo exposto pode concluir-se que, se a nível de algumas funções este tipo de documentos, se identificam, *grosso modo*, com as funções dos resumos científicos, pois também eles servem para divulgar de alguma forma os textos que lhes estão na base, podendo em algumas situações substituí-los; já no que se refere às características formais ou esquemáticas isso não acontece, tal como se pode observar pela breve descrição que foi apresentada relativamente a este tipo de "resumos". No seguimento desta ideia Pinto

---

[42] MOREIRO GONZÁLEZ, José Antonio – *El resumen y la comunicación científica: variedad de aplicaciones*. 1988. P. 70.

[43] *Idem*, p. 65.

[44] Ver ponto 3.2.3, alínea c).

Molina[45] refere o seguinte: *Si somos rigorosos, debemos reconocer que un resumen o abstract [...] no puede identificarse plenamente con ninguna de estas categorias documentales, en virtude de las manifestas diferencias funcionales, formales o esquemáticas.*

A título de conclusão sobre este ponto pode afirmar-se que existem diferenças efetivas entre um resumo científico e outras manifestações de síntese documental; na exposição do conteúdo, no aspeto formal e no que respeita à função.

Com base no estudo feito e, a modo de síntese, pode concluir-se que as duas aceções consideradas do termo resumo: aceção linguística e aceção documental apresentam uma convergência no que se refere às suas características, essencialmente no que se refere àquelas que o qualificam e simultaneamente o distinguem de outros documentos secundários similares. Nas duas aceções um resumo é descrito como uma composição textual abreviada, na qual se encontram registadas, de forma condensada, as ideias essenciais de um texto, fenómeno ou acontecimento. Outras noções comuns às duas aceções são também observadas, como: a brevidade, a essencialidade e a concentração da informação, sendo estas com a ideia de objetividade as que mais caracterizam um resumo, no sentido geral do termo.

## 1.2. Origem histórica do resumo

Tal como a revisão bibliográfica efetuada manifestou, desde tempos imemoráveis, por razões de várias naturezas, o ser humano sentiu necessidade de resumir os documentos. Dado o seu interesse para a contextualização da matéria que se segue, apresenta-se uma

---

[45] PINTO MOLINA, Maria – *El resumen documental: paradigmas, modelos y métodos*. 2001. P. 163.

síntese deste estudo que situamos num período que vai desde as civilizações pré-clássicas à atualidade.

### 1.2.1. Das civilizações pré-clássicas ao advento da civilização moderna

Numa primeira fase, que corresponde, nesta circunstância, às civilizações pré-clássicas e clássicas, nomeadamente a suméria, a egípcia, a romana e a grega, o exercício desta prática teve a ver com questões de preservação e segurança. Na civilização suméria há conhecimento de que já existiam escribas que elaboravam breves anotações sobre os conteúdos de determinados documentos, na parte externa dos documentos originais, que nesta época eram, na sua maioria, de argila. Esta prática era também usada na civilização egípcia, cujos conteúdos dos documentos, em papiro ou pergaminho, geralmente se prendiam com as áreas do direito e da história. Conclui-se, portanto, que estas civilizações já produziam estes instrumentos de acesso à informação, independentemente do seu suporte, fosse ele em argila, em papiro, em pergaminho ou em qualquer outro material. Esta prática encontrava-se associada a dois argumentos de natureza pragmática: a preservação e a segurança dos documentos. Havia, contudo, um outro argumento que muito contribuiu para o desenvolvimento e consolidação da elaboração de "resumos", esta de natureza utilitária: a dimensão dos documentos que, em muitos casos, dificultava o manuseamento e a respetiva consulta. A sua elaboração, por um lado possibilitava o acesso ao conteúdo de um determinado documento, sem que para isso, houvesse necessidade de consultar-se o original, situação que ainda hoje ocorre, considerando-se este ponto de vista uma das funções de um resumo – substituir o documento original. Por outro, evitava-se o manuseamento, o qual provocava danos, muitas vezes irreparáveis no documento, assim como a difícil arrumação do mesmo no respetivo lugar o que, dadas as circunstâncias, se tornava uma árdua tarefa. De acordo com a situação descrita, pode inferir-se que neste período, tal como já se referiu, se observa o prelúdio de um dos principais objetivos dos resumos: a substituição do documento original pois, tal como referem Donald Cleveland e Ana Cleveland[46], em determinados casos um resumo poderá substituir o artigo original; nesta circunstância concreta não um artigo mas outros tipos de documentos. A importância destes resumos para a construção da história das referidas civilizações[47] é hoje capital, na medida em que eles são uma base sólida credível e em muitos casos única para preencher determinadas lacunas históricas relativas a estas culturas.

O interesse que a Civilização grega[48] devotou à cultura é evidente, independentemente das suas manifestações. Umas dessas manifestações eram as bibliotecas particulares, constituídas por uma quantidade substancial de documentos em pergaminho e papiro. Outra manifestação cultural, muito ao gosto dos gregos, era o teatro. É relacionada com esta expressão artística que nos aparecem os resumos. Aquando da representação da peça teatral era prática facultar ao público um resumo da mesma, assim como uma lista dos nomes dos autores que a interpretavam[49]. Mais tarde, no período helenístico, idade do apogeu da civilização grega, no qual foram construídas

---

[46] CLEVELAND, Donald B.; CLEVELAND, Ana D. – *Introduction to indexing and abstracting*. 2001. P. 108.

[47] Para se ter uma ideia aproximada da época em que surgiram os primeiros "resumos" lembrar-se-á que o início da civilização suméria data dos meados do quarto milénio, assistindo-se a um florescimento cultural da mesma entre 3500 e 3000 a. C., altura que presumimos coincidir com a elaboração dos primeiros "resumos". O aparecimento da civilização egípcia data sensivelmente do mesmo período cronológico, o que concorre para inferirmos que os primeiros resumos tenham surgido ao mesmo tempo.

[48] Desenvolveu-se entre 1100 a.C. até ao domínio dos romanos em 146 a.C., observando-se o seu apogeu no período helenístico (323 a. C. a 146 a.C.).

[49] Ao conjunto constituído pelo resumo e pela lista os gregos chamavam *hipótese*.

duas grandes bibliotecas, a de Alexandria[50] e a de Pérgamo[51], esta prática veio a desenvolver-se e a incrementar-se. Nestas duas grandes bibliotecas da antiguidade clássica, os escribas e os estudiosos copiavam, faziam anotações, extratos e resumiam os documentos pelos mesmos motivos que tinham feito os sumérios e os egípcios: permitir o acesso de um modo mais cómodo ao documento sem o deteriorar contribuindo, deste modo, para a sua preservação e conservação. Foi através do recurso a estes resumos, e a outros registos abreviados do conteúdo dos documentos depositados nestas bibliotecas que, após o desaparecimento dos documentos originais, foi possível construir a história da civilização grega e da civilização romana[52].

Após a queda do Império Romano do Ocidente no século V entrou-se num extenso período - a Idade Média, no qual a Igreja detinha o poder do ensino e da cultura[53]. Era muito usual os centros de ensino, que funcionavam em mosteiros, conventos e igrejas, possuírem as suas bibliotecas particulares, que poderiam ser maiores ou menores consoante o prestígio da instituição que as integrava. Ao longo deste período, devido a um conjunto de contingências de várias naturezas, entre as quais se salientam a política, a militar e a sociocultural, os resumos e todas as práticas similares caracterizadas pela condensação e brevidade da infor-

---

[50] A Biblioteca de Alexandria foi fundada no início do século III a.C., tendo sido aberta a público pelo faraó Ptolomeu I. No seu auge continha 500.000 rolos (em papiro e pergaminho), quantidade que hoje equivaleria a 100.000 livros. Durante sete séculos foi considerado o maior referencial científico e cultural do Mundo Antigo. Manteve-se aberta até à Idade Média, altura em que foi completamente destruída por um incêndio de origem duvidosa.

[51] A Biblioteca de Pérgamo (cidade da Ásia Menor), construída no início do século II a. C., por Eumenes II, no seu apogeu continha 200 000 documentos do mesmo tipo dos que existiam na Biblioteca de Alexandria (papiro e pergaminho). Esta biblioteca foi construída para competir com a de Alexandria, ideia que é fácil de entender quando comparamos os números de documentos pertencentes às duas.

[52] SKOLNIK, Herman – Historical development of abstracting. 1979. P. 215.

[53] Este período é caracterizado pela hegemonia da cultura eclesiástica, sendo o latim a sua língua de eleição, em detrimento das línguas nacionais, assumindo-se deste modo, à época, como língua internacional.

mação vieram a desenvolver-se de forma significativa. Esta época caracteriza-se pela compilação do conhecimento em compêndios e em *Summae*[54], que eram a forma por excelência de preservar o conhecimento e a cultura daquele tempo, assim como um meio privilegiado de o transmitir. As *Summae* debruçavam-se sobre todas as matérias, e apresentavam características próprias do modelo de uma compilação.

Nos séculos XII e XIII, quando pela Europa Ocidental começaram a surgir as primeiras universidades, surgiram também, em paralelo, as grandes obras de carácter enciclopédico, que pretendiam abarcar todo o conhecimento e cujo objetivo era apoiarem o ensino universitário[55]. Como era um ensino baseado no método escolástico, em que se atribuía grande relevo à palavra do professor, (*Magister dixit*)[56], era prática dos alunos elaborarem nas aulas resumos das matérias lecionadas. Dentro do espírito eclesiástico que dominava esta época, competia aos monges nos respetivos mosteiros copiarem os textos, muitos deles procedentes da Antiguidade clássica. Neles era muito frequente fazerem-se anotações nas margens, e/ou breves resumos sobre os respetivos conteúdos.

Também no período considerado e no que diz respeito à sociedade laica, relativamente ao aspeto político e militar, os reis solicitavam aos generais e embaixadores que lhes enviassem relatórios sucintos sobre as suas campanhas militares. Estes relatórios/resumos eram enviados para os reis e para o Vaticano, tal como refere Skolnik[57]:

---

[54] *Summae* (Sumas) eram "comentários" concisos e sistemáticos destinados a esclarecer um texto. Este género de literatura caracterizava-se por grandes sínteses que procuravam compreender a totalidade do saber. SIMÕES, Maria da Graça – *Classificações bibliográficas:* percurso de uma teoria. 2011. P. 93.

[55] Entre outros autores que se ocuparam com este assunto, destaca-se Hugo de S. Victor (1096-1141) com a obra *Eruditionis Didascalica* e o dominicano Vincent de Beauvais (1190-1264) com o texto *Speculum Majus*. Idem, p. 95-96.

[56] À letra, "O Mestre disse," é uma expressão latina que se refere a um pensamento que é tido como inquestionável.

[57] SKOLNIK, Herman – *Historical development of abstracting*. 1979. P. 215-216.

*Since the year 1000, countless abstracts of these reports have been accumulating in the Vatican.*

No final da Idade Média e início do Renascimento, um invento veio revolucionar e democratizar a cultura: a impressa de Gutenberg. Uma das suas principais e imediatas consequências foi o aumento exponencial da publicação de livros, panfletos e outros meios de divulgação do conhecimento, tornando-os, também acessíveis a extratos sociais que até então não tinham acesso a eles. O progresso nas áreas da ciência e da técnica, a que se assistiu neste período, como foi o caso da matemática, astronomia, física e química, veio a formalizar-se e a divulgar-se com este invento. Ele trouxe consigo o crescimento da produção e sobretudo da disseminação de obras destas áreas do conhecimento, cujo objetivo era, na maioria dos casos, o uso académico. Todo este contexto literário e científico-técnico, desenvolvido sobretudo nas universidades, concorreu para o desenvolvimento da prática da elaboração de resumos, ainda que de uma forma muito incipiente.

### 1.2.2. As academias científicas e a revista científica

Ao longo dos séculos XV-XVII desenvolveram-se e consolidaram--se as primeiras academias científicas e artísticas. Estas instituições do saber eram associações privadas e restritas nas quais se divulgavam e discutiam os avanços científicos e artísticos e onde artistas e cientistas partilhavam ideias, novos conhecimentos e novas experiências. Tal como os livros e os jornais, as academias eram um veículo privilegiado na divulgação do saber. Assim, entre o século XV e XVI, estas associações foram um ponto de encontro informal de eruditos com interesses científicos ou artísticos comuns. Os encontros ocorriam com uma periodicidade regular em casas particulares e neles debatia-se um conjunto diversificado de assuntos[58]. As características informais que particularizavam as academias foram-se diluindo ao longo do século XVII acabando estas, já em meados deste século, por serem organizações formais legitimadas pelo poder instituído. A primeira sociedade científica a receber uma licença oficial da Igreja Católica foi a *Accademia del Cimento*, também designada por *Academy of Experiments*, criada em Florença (1657) e financiada por dois Médicis. Esta academia possuía uma grande quantidade e variedade de instrumentos e equipamentos científicos para a época, debruçava-se sobre diversos temas, como: anatomia, princípios de mecânica, mineralogia, astronomia, entre outros, como refere Wolf no seguinte excerto: *The roll of members of the Florentine Academy of Experiments included [...] the anatomist Borelli, who applied the principles of mechanics to physiology, the Danish anatomist and mineralogist Steno, the embryologist Redi, and the astronomer Domenico Cassini [...]*[59].

A partir dos meados do século XVII assistiu-se à formação contínua de academias por toda a Europa, movimento que continuou e atingiu o seu apogeu no século XVIII. Importa referir que, as academias já no início do século XVII, associadas à emergência da ciência moderna, assumiram e desenvolveram uma atividade muito próxima daquela que têm hoje. Pelas atividades científicas desenvolvidas e pelo impacto que tiveram ao longo do tempo, no campo científico destacam-se a *Royal Society*, criada em Londres em 1662, a *Académie des Sciences*, criada em Paris em 1666, a *Akademie der Wissenschaften*, criada em Berlim em 1700 e a *Academia Real das Ciências de Lisboa* criada em Portugal em 1779.

---

[58] Um exemplo foi a casa dos Médicis, em Florença, no século XV. *De rerum natura*. Disponível em www:<URL:http://dererummundi.blogspot.pt/2007/07/breve--histria-das-academias-cientficas.html>.

[59] WOLF, A. – *A history of science techonology, and philosophy in the 16th & 17th centuries*. 1962. P. 55.

Com as academias científicas surgem as primeiras revistas científicas, meio através do qual se divulgavam na época as atividades de investigação científica que se realizavam nas academias. Estas revistas são o recurso privilegiado de disseminação do conhecimento científico. Se até ao advento das academias científicas o conhecimento era comunicado a título particular, na maioria dos casos através de carta, com o desenvolvimento e incremento deste tipo de associações começa a ser divulgado à escala nacional e internacional, para um público alargado e especializado. Este tipo de publicação, dadas as suas características, entre as quais se destaca o facto de ser de fácil edição, pouco volumosa, possuir informação atualizada e, já em alguns casos, ver os conteúdos submetidos à crítica dos seus pares[60], veio concorrer em termos de preferência com os manuais e outras publicações enciclopédicas, sobretudo da parte do público académico. Estas revistas apresentadas pelos membros e também por aqueles que não eram membros davam à estampa as comunicações que eram realizadas nas academias, fossem elas escritas ou orais[61]. A par do registo das inovações eram divulgados os novos instrumentos e equipamentos científicos, em muitos casos devidamente comentados. Publicavam-se ainda obituários, geralmente de cientistas famosos, com o resumo da sua

---

[60] A necessidade de avaliar a qualidade dos textos científicos não é nova, observando-se vários exemplos desta prática ao longo do tempo. Segundo VUGHT, Frans A. Van, durante a Idade Média já existiam universidades imbuídas da cultura da qualidade e que por isso fariam a avaliação dos textos científicos. Exemplos desta prática são a Universidade de Paris a de Cambridge e a de Oxford. No primeiro caso recorria-se a pessoas externas à Universidade para fazer a análise dos textos; no caso inglês recorria-se ao sistema de revisão por pares anónimos, sistema que ainda hoje é usado. Pensa-se que este sistema de revisão surgiu pela primeira vez em 1752, na revista *Philosophical Transactions* para rever os artigos que poderiam ser publicados como artigos científicos. VUGHT, Frans A. Van; WESTERHEIJDEN, Don F. – *Towards a general model of quality assessment in higher education.* 1994. P. 355. Disponível em www:<URL:http://wustl.edu/community/faculty-staff/assets/Towards-a-General-Model.pdf>.

[61] KRONICK, David A. – *A history of scientific and technical periodicals.* 1924. P. 110.

obra, as listas de novos livros com as respetivas observações críticas e os resumos dos trabalhos científicos.

A primeira revista científica a ser publicada com estas características foi o *Journal des sçavans* (1665)[62], da *Académie des Sciences de Paris*; seguiu-se-lhe a publicação de *Philosophical Transactions* (1666) pela *Royal Society of London*. Este último título, além de publicar as atividades desenvolvidas nesta academia, também divulgava, por meio de resumos, trabalhos originais editados noutras publicações.

Ainda no século XVII, pelo facto de se considerarem pioneiras relativamente às revistas científicas com arbitragem, salienta-se a revista *Nouvelles de la République des Lettres*, publicada em Amesterdão em 1684 e a revista *Histoire des oeuvrages des savans*, publicada em Roterdão em 1687. As revistas mencionadas tinham como propósito fazer um exame crítico dos documentos nelas publicados concorrendo deste modo para um controlo dos conteúdos científicos que se iam produzindo nas diferentes áreas do saber. Partindo-se deste contexto, pode inferir-se que este tipo de revistas, ao longo dos séculos XVII e XVIII, foi o meio por excelência da divulgação da produção científica. A afirmação e o reconhecimento por parte dos eruditos e dos cientistas relativamente às revistas científicas concorreu, naturalmente, para a consolidação dos resumos científicos que nelas eram publicados, quer fossem elaborados a partir de documentos nacionais ou com base em artigos publicados em revistas estrangeiras.

Pese embora a importância inegável que as academias científicas tiveram no fomento deste tipo de revistas, importa referir que, nem

---

[62] Pelo facto de esta revista científica também integrar resumos, leva a que autores a considerem a primeira revista de resumos, porém aquela que é exclusivamente constituída por resumos é a: *Aufrichtige und unpartheyische Gedancken uber die Journale, Extracte...* de Christian Gottfried Hoffmann. PINTO MOLINA, Maria – *El resumen documental: paradigmas, modelos y métodos*. 2001. P. 150.

todas as revistas científicas, durante este período, foram publicadas sob sua responsabilidade ou se encontravam associadas diretamente a elas. A este propósito S. B. Barnes, num estudo realizado sobre esta matéria, refere o seguinte: [...] *in the period 1665-1730, of the thirty scientific journals he included only six were connected with important academies of sciences*[63]. A corroborar esta opinião refere-se também o exemplo da revista *Les Mémoires de Trevoux* (1701-1767), cujo patrocinador foi o duque de Maine.

Apesar de na primeira metade do século XVIII o crescimento das revistas científicas ter sido pouco significativo, há, contudo, notícias na literatura desta época que garantem que este tipo de publicações começava a dominar a edição bibliográfica, o que, por si só, é um indicador do importante papel que desempenhavam na sociedade cultural e científica de então. Ainda, recorrendo ao estudo de S. B. Barnes[64] pode referir-se que entre 1665 e 1730, foram publicados trezentos e trinta periódicos, em sete países da Europa, contudo eram poucos aqueles que sobreviviam a mais do que alguns anos de edição.

### 1.2.3. Revista de resumos

Em paralelo com a publicação das revistas científicas, durante a segunda metade do século XVII, e ao longo do século XVIII publicava-se também outro tipo de periódicos da mesma natureza. Tinha características e exigências diferentes, podendo considerar-se como uma variante às vulgarmente designadas revistas científicas; são elas: a revista de resumos e a revista crítica[65]. Editava-se ainda

---

[63] *Ibidem*.

[64] SKOLNIK, Herman – *Historical development of abstracting*. 1979. P. 216.

[65] Apesar dos seus antecedentes serem remotos no tempo (séc. XVII), foi nos séculos XX e XXI que esta revista se veio a afirmar como uma revista de impacto relativamente à produção científica - Revista científica arbitrada.

outro tipo de publicações que pelas suas características se pode designar como uma publicação híbrida, por apresentar elementos estruturais próprios de uma monografia e particularidades que se encontram presentes nas revistas mencionadas[66].

A primeira publicação considerada como uma revista de resumos por alguns autores foi a revista alemã *Monatsextracte*, publicada em 1703 em Leipzig. Este periódico científico, que consideramos uma publicação de características híbridas, não diferindo muito das primeiras revistas científicas, era composta por uma seleção de temas sobre política que eram publicados em outras revistas, assemelhando-se, deste modo, a um sumário de notícias, tal como refere Collison: *The first german abstract journal was the famous Monatsextracte,... comprised a selection of important items from political journals, and thus more closely resembled a news summary*[67].

A primeira revista exclusivamente de resumos que se conhece foi publicada entre 1714-1717 por Christian Gottfried Hoffmann, com o título *Aufrichtige und unpartheyische Gedancken über die Journale, Extracte...* Apesar desta publicação abranger todas as áreas do conhecimento, atribuía um maior relevo aos artigos literários. A especialidade disciplinar, particularidade que iria a curto prazo caracterizar as revistas científicas, em especial as revistas de resumos, não era ainda notória. Nesta perspetiva, no que se refere às temáticas, de um modo geral, eram abordadas nos manuais, obras enciclopédicas

---

[66] Relativamente a este tipo de obras, e a título de exemplo, salienta-se pelo impacto que teve na época, sobretudo para os geógrafos a obra de Johann Georg Hager, intitulada *Geographisches Buchersall zum Nutzen und Vergnugen eroffnet*. Esta obra combinava em si vários tipos: podia ser descrita como um manual, o qual era publicado periodicamente, continha resumos, característica de uma revista de resumos (*The Abstract Journal*), e ao mesmo tempo apresentava especificidades de uma Revista crítica (*Review Journal*). Todavia, existem autores que a consideram como a primeira revista de resumos especializada. Outra revista científica que consideramos desta natureza é a *Deutsche Acta Eruditorum*, publicada entre 1682 e 1782. Fundada em Leipzig por Otto Mencke, é considerada a primeira revista científica alemã. Além dos resumos incluía também críticas de outras revistas.

[67] COLLISON, Robert L. – *Abstracts and abstracting services*. 1971. P. 60.

e outras desta natureza. Para a edição da revista mencionada, o seu autor apresentou como objetivos os seguintes: evitar ao leitor o trabalho de ler todas as revistas mensais e consequentemente fazê-lo economizar dinheiro na sua compra; possibilitar ao leitor o acesso a uma compilação de obras com a respetiva "recensão critica"; facultar um relatório das obras examinadas e um resumo dos seus extratos[68].

Como pode observar-se, o primeiro propósito coincide ainda hoje com um dos objetivos das revistas de resumos: evitar aos interessados a leitura de um número considerável de revistas, tendo acesso à representação dos conteúdos mais significativos destas acedendo apenas a uma, ou a um número o mais reduzido possível[69].

Outra revista de resumos alemã publicada em Frankfurt-am-Main, entre 1765-1769, que possuía características particulares para a época foi a *Neue Auszuge aus den besten auslandischen Wochen-und Monatsschriffen*, pelo facto de ter uma periodicidade semanal e ser constituída por resumos de revistas exclusivamente estrangeiras das áreas da medicina, agricultura, política, belas-artes e literatura.

A esta publicação periódica seguiram-se outras revistas noutros países. Em Inglaterra foram editadas a *Universal Magazine of Knowledge and Pleasure* (1747-1815) e a *Monthly Review* (1749-1844). Em 1778, a última revista mencionada inseria resumos de trabalhos científicos, tal como os que eram publicados na *Philosophical transactions*, assim como noutras revistas publicadas pelas academias e pelas sociedades científicas[70].

---

[68] Apud KRONICK, David A. – *A history of scientific and technical periodicals*. 1924. P. 152.

[69] Estes propósitos apenas foram cumpridos na íntegra no 1º volume. Este volume continha o resumo de cerca de quarenta títulos de revistas, entre as quais a: *Acta Eruditorum* e o *Journal des sçavans*. O 2º volume continha críticas originais aos respetivos documentos, não sendo, por isso considerada uma revista de resumos.

[70] A *Monthly Review* a partir de 1825 passou a ser uma revista de recensão crítica.

Um grande número das revistas científicas dedicava um espaço considerável a extratos e a resumos de outras revistas, ao mesmo tempo que incluía também trabalhos originais. Por este motivo, ao longo do período considerado era muito difícil identificar com precisão as revistas de resumos, as revistas críticas e as revistas científicas propriamente ditas. Contudo, segundo Kronick[71], *grosso modo,* podem distinguir-se as revistas científicas das revistas críticas e das revistas de resumos. De acordo com este autor, as primeiras facultavam uma panorâmica de toda a literatura, enquanto as revistas de resumo ou extratos se dedicavam à literatura que aparecia em outros periódicos e continham apenas resumos. A partir do século XVIII e, segundo os critérios estabelecidos por Kronick[72] para a distinção deste tipo de revistas, começam a diferenciar-se de um modo mais preciso as revistas que continham os originais e por vezes resumos, daquelas que apenas continham resumos de artigos publicados em outras publicações.

No decorrer do século XVIII foi publicado um número considerável de revistas científicas, que davam ênfase aos resumos e a extratos de outras revistas. Estas contemplavam sobretudo a área das ciências, na qual é particularmente relevante o campo da química. A edição de revistas sobre esta matéria foi extremamente significativa ao longo do século XVIII, XIX e primeira metade do século XX. A título de exemplo, salienta-se, no século XVIII, entre outros títulos, os seguintes: *Chemisches Journal fuer die Freunde der Naturlehre...*, criada por Lorenz von Crell em 1778, considerada a primeira revista de química. Como se depreende da própria designação, esta revista publicava resumos

---

[71] KRONICK, David A. – *A history of scientific and technical periodicals.* 1924. P. 153.

[72] *Ibidem.*

e extratos de notícias relacionadas com a química. Em 1789 foi publicada a revista *Annales de Chimie*, que ainda continua a ser publicada[73].

A título de síntese, relativamente ao papel que as revistas de resumos assumiram no século XVIII, pode referir-se que o grande benefício que trouxeram, e que ainda hoje lhes é reconhecido, se prende com o facto de possibilitarem a divulgação e acesso aos conteúdos substanciais dos documentos primários, quando estes, em muitos casos, eram publicados em revistas estrangeiras. Este foi um dos grandes contributos destas revistas, se as contextualizarmos neste período, em que os recursos de comunicação eram muito incipientes e a consolidação da investigação científica começava a dar os primeiros passos de forma consistente.

Tal como acontecia com as revistas científicas, editadas ou não pelas academias, no geral as revistas de resumos também tinham uma vida relativamente efémera, além de que raramente eram especializadas[74], particularidade que a breve trecho este tipo de revista foi desenvolvendo, começando-se a especializar e automatizar nas áreas do saber, de acordo com o contexto disciplinar em que eram criadas. A importância dos resumos era tão valorizada, que desde o início do século XVIII, no prefácio da primeira edição da revista *Les mémoires de Trevoux* (1701)[75], o próprio editor incentivava os autores a elaborarem extratos dos seus próprios trabalhos científicos, na medida em que ninguém os conhecia melhor do que eles próprios, podendo deste modo contribuir para a objetividade e precisão desses "resumos". Com base no apelo deste autor pode

---

[73] Esta revista foi mudando de nome ao longo dos séculos XIX e XX, e a partir de 2004 passou a ser publicada em linha pela Elsevier.

[74] KRONICK, David A. – *A history of scientific and technical periodicals*. 1924. P. 156.

[75] FERRAND, Pascale – *Mémoires de Trévoux*. 1 (1701-1767). Disponível em: www:<URL:http://dictionnaire-journaux.gazettes18e.fr/journal/0889-memoires-de--trevoux-1>.

inferir-se que ele foi pioneiro no que respeita à elaboração dos resumos de autor.

A tendência para se privilegiar a química, no século XVIII irá acentuar-se ao longo do século XIX[76], no qual é publicado um número substancial de revistas de resumos desta especialidade, situação que se irá verificar também na primeira metade do século XX, num espaço geográfico amplo.

No século XIX, as revistas científicas, seguindo o curso da própria ciência, começaram a especializar-se numa aérea do conhecimento. No início do século XIX, estas revistas multiplicaram-se, surgindo em 1830 a primeira revista de resumos de química: a *Pharmaceutisches Zentralblatt*. Começou por ser quinzenal, mas no mesmo ano passou a ter uma periodicidade semanal, o que leva a inferir que deveria ser uma revista com uma consulta muito significativa e com informação atualizada. Um dos principais objetivos desta revista em 1833 era cobrir a maior parte da literatura periódica sobre química, através de resumos concisos e precisos, e divulgar os acontecimentos científicos mais pertinentes sobre este tema.

Em 1858 a Sociedade francesa de química, iniciou a publicação de resumos no *Bulletin de la Société Chimique de France*. O mesmo aconteceu com a Sociedade alemã de química, que publicou resumos no *Berichte der deutschen chemischen Gesellschaft* de 1868 a 1896. A partir de 1897 esta publicação foi substituída pelo *Chemisches Zentralblatt*, ano em que assumiu a edição dos resumos de química. Em Inglaterra, em 1871, a Sociedade de química inglesa publicava os seus resumos no *Journal of the Chemical Society* e a Sociedade de química industrial inglesa publicava os seus resumos no *Journal of the Society, of Chemical Industry*, em 1882. Em 1926, estas duas sociedades inglesas fundaram o *British Abstracts*.

---

[76] A área da química foi aquela que se impôs ao longo dos séculos XVIII e XIX, continuando no século XX, na produção de revistas de resumo.

Para concluir este périplo pelo século XIX no que se refere à publicação de resumos de química, salienta-se a Sociedade Americana de Química, que publicava resumos desta área no *Journal of the American Chemical Society*, de 1897 a 1907, ano em que se começou a publicar o *Chemical Abstract*[77], considerada a mais importante revista de resumos nesta área.

O crescimento da edição de resumos e das respetivas revistas na área da química no período considerado, não teve paralelo com qualquer outra área do saber; contudo, não é única na medida em que se assiste ao desenvolvimento de outras revistas de resumos em áreas afins. Dada a sua importância no universo científico, destaca-se, entre outras, a publicação em Londres da *Abstracts of Physical Papers from Foreign Sources* (1837-1842), que teve uma duração de dois anos, sendo a sua publicação retomada pela conhecida *Physics Abstracts*; na matemática, entre 1842-1927, publicou-se em Paris a revista *Nouvelles Annales de Mathématiques*, em 84 volumes, e em Berlim (1868) a *Jahrbuch über die Fortschritte der Mathematik*[78], que publicava resumos de artigos de diversas e importantes revistas de matemática.

Neste século, outras áreas do saber seguiram esta prática; é o caso do direito e medicina que, ao mesmo tempo que se iam especializando, iam tendo necessidade de atualizar e divulgar as suas matérias. Assim, a primeira metade do século XIX foi pródiga na edição de revistas de resumos relativas a estes temas, designadamente em Inglaterra e nos Estados Unidos da América. Entre outras salientam-se: *The Law Journal Reports* (Londres 1822-1849), *The Jurist (Londres*, 1837-1866) e *Law Times Reports* (Londres, 1843-1947). Na medicina foi publicada em Filadélfia a primeira revista especializada em resumos

---

[77] Esta revista veio substituir a *Review of American Chemical Research*, que foi publicada entre 1897-1906.

[78] Pam Division Award Citation for 2005. Disponível em www:<URL:http://www.emis.de/MATH/JFM/PAM_Division_Award_Jahrbuch_200.pdf.>

nesta área: a *American Medical Intelligencer*, (1837-1842), tendo sido substituída pela *Medical News and Library* (1843-1879). Esta revista sofreu várias alterações ao título[79], de entre as quais salienta-se o *International Record Medicine* (1865). Estas alterações demonstram o quanto era efémero o tempo de vida deste tipo de revistas.

No que se refere a estas duas disciplinas, na década de 40 foram publicadas duas importantes revistas, no direito a *Manning, Granger and Scott's Reports of Cases in the Court of Common Pleas*, publicada em Londres (1846)[80] e na medicina a *Half-Yearly Abstract of the Medical Sciences: being a Digest of British and Continental Medicine and of the Progress of Medicine and the Collateral Sciences*, publicada em Londres e em Filadélfia entre 1845 e 1873.

Para concluir esta breve síntese relativa à edição das revistas de resumos no século XIX, há que referir algumas publicações que se desenvolveram ao longo do mesmo e que, dada a similitude das suas características e dos seus objetivos poder-se-ão considerar neste ponto; são as seguintes: as revistas de estatísticas, os repertórios e os índices. Entre outras publicações editadas ao tempo salientam-se o **British Annual Abstract of Statistics**, em que a informação se apresentava sob a forma de resumo, o primeiro volume data de 1853; no que respeita aos índices, destaca-se o *New York Times,* que já em 1851 apresentava as mais importantes características de um resumo: pormenor, imparcialidade, brevidade da matéria e, ao mesmo tempo, abrangência da mesma[81].

---

[79] Manteve o título original de Abril 1865 a Junho 1881. Entre 1883 e 1923, chamou-se *New York medical journal*; de Julho de 1881 a Dezembro de 1882, *New York medical journal and obstetrical review*; entre 1924 e 1933 designou-se *Medical journal and record*; de 1934 a 1950, *Medical record* e de 1951 a 1956, *International record of medicine and general practice clinics.*

[80] Collison refere o ano de 1845 como data de publicação desta revista; porém, nos catálogos consultados ela aparece como tendo sido publicada no ano de 1846. COLLISON, Robert L. – *Abstracts and abstracting services.* 1971. P. 62.

[81] *Idem*, p. 63.

Ao longo do século XX, nomeadamente na primeira metade, assistiu-se ao desenvolvimento e crescimento do número destas revistas, alargando-se este tipo de periódico a outras áreas. Assim, em 1909 foi publicada, nos Estados Unidos, a Revista de resumos *Metallurgical Abstracts*, e em 1926 a revista *Biological Abstracts*, esta última mencionada foi uma publicação em co-edição entre a *American Association for Advancement of Science*, a *Union of American Biological Societies* e a *National Academy of Sciences*. Segue-se em 1938, a primeira revista de resumos dedicada exclusivamente às teses de doutoramento, a *Dissertation Abstracts*, hoje disponível *online*, como tantas outras revistas de resumos publicadas durante os dois últimos séculos.

No que se refere à área das humanidades observa-se uma edição muito aquém da que é observada nas ciências puras e aplicadas. Contudo, o seu número começa a apresentar alguma expressividade a partir da primeira metade do século XX, tendência que se veio a registar depois ao longo do mesmo. Note-se que, na segunda metade do século XIX, como já foi referido, foram publicadas algumas revistas importantes na área do direito, situação que irá manter-se e desenvolver-se em outras áreas das ciências sociais. Assim, em 1927 foi publicada a revista *Pshycological Abstracts* pela American Psychological Association. Na década de 50 relevamos, ainda, na área das ciências sociais as revistas de resumos *Library Science Abstracts* e a *Sociological Abstracts* (1952). A primeira especializada em conteúdos relacionados com a biblioteconomia, a segunda em temas de sociologia. Outra revista de resumos publicada na mesma década é a *Historical Abstracts*.

O século XX caracterizou-se por um crescimento exponencial da documentação. Para este fenómeno contribuíram fatores de diversas naturezas, entre os quais destacam-se aqueles que se relacionam com os aspetos científicos, dado que este estudo se ocupa de um dos principais recursos de divulgação e de acesso à produção científica. Neste sentido, começa por referir-se a grande revolução que se observou a nível do documento, quer no que se refere à sua tipologia, quer no que respeita ao acesso e ao uso da informação neles contidos. Em inícios do século XX, essencialmente nos meios académicos e científicos o livro foi substituído pela publicação periódica, que cresceu de uma forma exponencial. Dada esta circunstância, a produção de revistas de resumos seguiu, naturalmente, esta tendência, dado que este tipo de revista se encontra associado, de uma forma geral, às publicações periódicas, em particular às de tipo científico. Nesta perspetiva, assiste-se ao crescimento do número das revistas científicas e ao aumento da extensão do seu volume, porque cada vez se publicam mais artigos.

A vida do documento, que até aos finais do século XIX e inícios do século XX, era longa, pois o seu conteúdo pouco ou nada se desatualizava, passa a ser breve e, consequentemente, o seu "prazo de validade" quanto aos seus conteúdos é também muito limitado. Sobre este assunto Boutry[82] refere que os documentos científicos não são de carácter permanente e o interesse do seu conteúdo, no que respeita à sua atualização, começa a decrescer a partir do momento em que é editado. Deste modo e, segundo o mesmo autor, a informação neles contida é completamente inútil passado pouco tempo, daí ser supérfluo conservá-los.

A esta alteração observada no próprio documento acrescem as alterações ocorridas no perfil e nas necessidades de informação de quem o consulta. O novo utilizador necessita de uma formação permanente e atualizada, que não se esgota na aquisição de um conhecimento específico, mas sim num tipo de conhecimento interdisciplinar.

---

[82] Apud DIJK, Marcel Van; SLIPE, Georges Van – *Le service de documentation face à l'explosion de l'information*. 1997. P. 18.

O próprio desenvolvimento da investigação científica, que se manifestava no acréscimo substancial do número de investigadores que emergiram neste novo contexto científico, que privilegiava não só a exploração do real baseada na observação e na experimentação, mas que exigia, também paralelamente, a síntese e a revisão contínua do conhecimento construído, convergiram indubitavelmente para o aumento do consumo e simultaneamente da produção científica[83]. Como consequência desta situação, a partir da década de 70 assistiu-se a um aumento considerável do número de revistas de resumos, a alterações nos seus conteúdos e no seu processo editorial.

Para estas alterações contribuíram vários fatores, entre os quais, salientam-se: o desenvolvimento e a aplicação das novas tecnologias aos serviços de informação que trouxeram, entre outras vantagens, maiores facilidades no processo editorial, na sua difusão e no seu acesso; o financiamento deste tipo de periódicos e dos serviços a eles associados; uma maior especialização da ciência; a interdisciplinaridade que cada vez mais se insinuava na investigação, o que concorria para que se produzissem cada vez mais artigos em coautoria; e, por fim, a "democratização" da investigação, que convergiu, naturalmente, não só para o aumento exponencial da sua produção, mas também para consolidar o artigo científico como formato privilegiado da difusão deste tipo de conhecimento[84].

Após esta breve síntese sobre as revistas de resumos e, em particular, sobre a importância que tiveram na divulgação e consolidação do conhecimento científico, importa agora referir algumas especificidades deste tipo de periódico, enquanto recurso disseminador da produção científica.

---

[83] *Idem*, p. 19.

[84] Para um desenvolvimento mais exaustivo deste tema ver: BORGES, Maria Manuel - *A esfera: comunicação académica e novos médias*. 2006. P. 18-29.

As revistas de resumos são um tipo de documento que recolhe e organiza documentos secundários, breves textos analíticos e as respetivas referências bibliográficas dos documentos que lhes servem de base, designados neste contexto documentos primários ou originais. Estes podem ser: artigos, partes de uma monografia ou a própria monografia integral, patentes, teses, entre outros. Quanto ao seu conteúdo, elas podem ser especializadas ou multidisciplinares.

O seu principal objetivo é proporcionar um acesso célere e seletivo aos documentos primários, ao informarem os utilizadores, sobretudo os académicos e investigadores, sobre o conteúdo atualizado, já publicado ou inédito, deste tipo de documentos. Esta situação concorre, por um lado, para que elas mantenham os utilizadores informados sobre a sua área temática sem terem a necessidade de, num primeiro acesso, recorrerem aos documentos primários e por outro, para que através delas possam eleger os textos que lhes interessam. Nesta circunstância, este tipo de revista assume-se como um meio privilegiado de seleção dos documentos primários. Relacionado com a observância deste propósito encontra-se uma característica chave deste tipo de publicação ser exaustiva numa determinada área do saber. Para que estes objetivos sejam conseguidos de uma forma plena é necessário que o tempo que medeia entre a publicação do artigo e a inclusão do respetivo resumo numa revista deste tipo seja simultâneo, embora a situação ideal seja aquela em que o resumo anteceda a publicação do próprio original. Porém, este tão almejado propósito nem sempre é cumprido de forma satisfatória. Para tal contribui o facto de o crescimento da produção científica nas últimas décadas ter sido acelerado, situação que concorre para que o controlo deste tipo de produção seja muito difícil, quer no que respeita ao número, quer no que respeita à qualidade. Para amenizar esta situação contribuíram entre outros recursos e expedientes, os meios informatizados, ao facultarem recursos e meios mais amigáveis, no que respeita à representação dos conteúdos e à sua interação com os utilizadores, e a reestruturação das políticas editorias, que se manifestaram, na maioria dos casos, num maior controlo de qualidade, como é o caso da arbitragem editorial[85]. Outro aspeto a salientar para obviar esta situação tem a ver com a periodicidade; pretende-se que as edições destas revistas sejam céleres, quer elas sejam impressas ou *online*. Esta é uma das características e exigências mais vincada das revistas de resumos, dado que uma das suas principais funções é manter o público a que se destinam atualizado relativamente às matérias do seu interesse que se encontram nos documentos originais.

Interessa ainda que este tipo de periódicos proporcione aos utilizadores bons índices, para que eles possam encontrar a informação de uma forma imediata[86]. A inclusão de índices, da respetiva área temática, cumulativos ou individuais, cada vez mais exaustivos, é um valor acrescentado pelo facto de ajudarem o utilizador a fazer uma melhor localização das matérias que pretende. Todas estas mais-valias concorrem para que as revistas de resumos sejam dos documentos secundários mais procurados na atualidade, como forma de aceder aos documentos originais. Dado o seu interesse como meio de excelência na divulgação da produção científica, elas devem possuir um elevado nível de qualidade traduzido na clareza, na legibilidade e na objetividade dos resumos que as constituem.

É com base nestes argumentos que é possível explicar e compreender o que se observou ao longo do século XX relativamente à elaboração de documentos secundários e, em particular, dos resumos. Este processo é marcado essencialmente por duas realidades: por um lado o surgimento e desenvolvimento dos Serviços de resumos, por outro a emergência das bases de dados *online*; estes dois meios

---

[85] *Ibidem*.

[86] PINTO MOLINA, Maria – *El resumen documental: paradigmas, modelos y métodos*. 2001. P. 313.

de divulgação e acesso à informação vieram estimular esta forma abreviada de representação da informação, desenvolvimento que se acelerou desde a segunda metade do século XX até à atualidade.

### 1.2.4. Serviços de resumos

A criação dos serviços de resumos teve na sua origem os mesmos objetivos que foram referidos na elaboração dos resumos e nas respetivas revistas: disponibilizar ao utilizador de forma rápida a maior quantidade de informação num formato condensado, de modo a possibilitar-lhe a seleção da mesma para colmatar a sua necessidade de informação, poupando-lhe tempo e dinheiro para aceder ao documento original. É também objetivo de um serviço de resumos facultar informação atualizada e relevante dentro de uma área específica do conhecimento, por forma a manter atualizado o leitor. Este tipo de serviço caracteriza-se por ser orientado para a elaboração de documentos secundários: resumos e produtos derivados da indexação e classificação como, por exemplo, os índices.

Face à quantidade excessiva de informação científico-técnica que se começou a produzir a partir dos meados do século XIX, realidade que se observou ao longo do século XX de uma forma exponencial, como tem sido referido ao longo deste estudo, sentiu-se a necessidade de controlar a informação no que diz respeito à qualidade através de rigorosos critérios de seleção. Neste processo, procurou-se essencialmente determinar o grau de pertinência do documento face às necessidades reais de informação dos potenciais utilizadores, tornando-se o binómio assunto-utilizador o indicador de maior relevância no processo de resumir. Perante esta situação era urgente criar centros que se responsabilizassem pela seleção da informação contida nos documentos originais, isto é: que se procedesse à análise da informação que a condensasse nos seus elementos essenciais e que a disponibilizasse, o mais rápido possível, em especial à comunidade científica altamente especializada em determinados temas. Se no início, para a divulgação deste tipo de produtos estes serviços recorreram a revistas impressas, com o advento das novas tecnologias, a partir da segunda metade do século XX, esta disseminação passou também a ser efetuada através do suporte eletrónico (CDs e bases de dados em linha).

Os primeiros serviços de resumos a serem criados datam dos finais do século XIX. Em 1885 foi criado o *Engineering Index* e em 1907, o *Chemical Abstracts Service*, este último criado no seio da Sociedade Americana de Química (*American Chemical Society*), cujo objetivo era fomentar e difundir o conhecimento sobre química. Em 1931 fundou-se o *International Council of Scientific Unions*, uma organização não governamental que procurou uma cooperação internacional em prol do desenvolvimento científico. Com esta finalidade, esta organização em conjunto com a UNESCO (1952)[87] criou um serviço de resumos: o *Abstracting Board* que, à época, foi um recurso de extrema importância, nomeadamente no que respeita à divulgação de literatura científica de ponta, designadamente da área da física.

Em 1939 fundou-se em Paris o *Centre National de la Recherche Scientifique* (CNRS), com o propósito da promoção do conhecimento, desenvolvendo neste âmbito todo o tipo de pesquisas que contribuíssem para o desenvolvimento sustentável dos aspetos sociais, culturais e económicos. Neste centro em 1940 desenvolveu-se um serviço especializado na elaboração de resumos e outros trabalhos de indexação que foi responsável pela edição do *Bulletin Analytique* no mesmo ano.[88]. Os primeiros resumos a serem elaborados neste

---

[87] BOURNE, Charles P.; HAHN, Trudi BELLARDO – *A history of online information services*: 1963-1976. 2003. P. 168.

[88] DIJK, Marcel Van; SLIPE, Georges Van – *Le service de documentation face à l'explosion de l'information*. 1969. P. 30-31; AURAM, Henriette D.; MCCALLUM,

serviço versavam sobre matérias das ciências puras, tais como: matemática, física e biologia e a partir de 1947 passou também a elaborar e a divulgar resumos sobre ciências sociais[89].

Ainda nesta década, em 1946, foi criada na Holanda a *Excerpta Medica Foundation*, uma organização com fins não lucrativos, cujo propósito era divulgar um número considerável de revistas internacionais que se ocupavam de temas de medicina. Neste mesmo ano esta Fundação editou uma revista de resumos, com o mesmo nome. Este periódico caracterizava-se por ser de âmbito geral, dentro da especialidade abrangendo, deste modo, as áreas mais relevantes da medicina, com o objetivo de facultar aos profissionais desta matéria informação atualizada.

Nas décadas de 50 e 60, entre inúmeros serviços de resumos que foram criados para a difusão e controlo da produção científica salienta-se a *National Federation of Advanced Information Services* (NFAIS)[90], organização sem fins lucrativos fundada em Washington em 1958 e transferida em 1962 para Filadélfia, onde ainda permanece. Era seu objetivo promover a disseminação da literatura científica em todas as áreas por forma a fomentar a pesquisa e a investigação. A atividade desenvolvida por esta organização no que respeita aos conteúdos era abrangente, na medida em que, como já foi referido, se debruçava sobre todos os domínios do conhecimento. Era seu principal propósito difundir de uma forma periódica a informação primária, de modo a garantir um fluxo sistemático e consistente de informação a todos os que se dedicavam à investigação científica.

Ao longo da segunda metade do século XX, foi aumentando de forma considerável o número destes serviços. A sua prolife-

---

Sally H.; PRICE, Mary S. – *Organizations Contributing to Development of Library Standards*. 1982. P. 213-216.

[89] A partir de 1956 foi continuada pelo *Bulletin signalétique*.

[90] National Federation of Advanced Information Services – Years of knowledge & experience. Disponível em www:<URL:http://www.nfais.org/page/62-history>.

ração em todas as áreas do conhecimento era uma evidência, no entanto era nas ciências puras e aplicadas que eles mais se destacavam. Num estudo publicado pela FID em 1965 e revisto em 1969, um diretório internacional onde se encontram registados os serviços de resumos (revistas e serviços por ficha), denominado *Abstracting Services in Science, Technology, Medicine, Agriculture, Social Science, Humanities* pode observar-se que, em 1969, existiam aproximadamente 1500 serviços de resumos[91]. Deste número, apenas uma minoria, cerca de 200, diziam respeito a documentos das ciências sociais (*Social Science, Humanities*) elemento através do qual se pode intuir que esta não era a área privilegiada por este tipo de serviços, tendência que, de resto, se veio a confirmar, ao longo deste século e que permanece até à atualidade. O elevado número de serviços de resumos está estreitamente relacionado com a excessiva produção de literatura científica que se observou, nomeadamente, nas ciências puras e aplicadas a partir dos anos 50 do século XX. A este propósito, Bernardo A. Houssay[92], no discurso inaugural da 3ª Reunião da Comissão Latinoamericana da Federação Internacional da Documentação, em 1962, entre outras declarações proferidas aludiu ao facto de a produção científica em química duplicar de oito em oito anos, tendência que se observava em outras áreas do conhecimento como por exemplo a medicina, cuja produção duplicava de dez em dez anos. Ainda neste contexto, refere que à época existiam entre cinquenta mil e sessenta mil revistas científicas, onde se publicavam cerca de três milhões de artigos científicos.

Todavia, com base neste estudo pode inferir-se que, apesar de as revistas de resumos terem emergido nas ciências naturais, elas foram-se afirmando nas ciências sociais, embora de uma forma paulatina, o que contradizia a tendência que se observava nas

---

[91] International Federation for Documentation – *Abstracting Services*. 1969. P. 3.
[92] Apud BRIET, Suzanne – *Que es la documentación?* 1960. P. 6-7.

ciências puras, cuja produção se multiplicava a um ritmo alucinante, quando comparada com a das ciências socias.

A partir dos meados do século XX, muitos foram os serviços que, para responderem de uma forma pertinente ao novo contexto tecnológico e mental, assim como às novas exigências do perfil dos utilizadores, tiveram de adequar os seus propósitos, em muitos casos e, em situações limite, alterar o nome das suas publicações, e principalmente o suporte. Paulatinamente, porém, de forma sistemática, o papel dá lugar ao digital, observando-se, por um lado a publicação de revistas em papel ou em suporte digital, por outro, estas são concomitantemente publicadas nos dois tipos de suporte. Quando se observa esta última situação verifica-se uma diminuição dos números de exemplares impressos, na medida em que se torna mais oneroso para a editora e para quem consulta aceder a este tipo de publicações. A publicação em suporte eletrónico veio também resolver a questão do armazenamento.

É neste novo contexto automatizado que, a partir do último quartel do século XX, mais concretamente a partir dos anos 70, começaram a emergir as bases de dados, que se revelam hoje uma realidade indispensável. Os resumos e as respetivas revistas encontram nestas plataformas o seu meio privilegiado de difusão, seja na modalidade de livre acesso, seja na de acesso condicionado.

Neste processo importa referir algumas revistas que começaram a ser publicadas em finais do século XIX e nos inícios da primeira metade do século XX, e que a partir da segunda metade do século, devido a estas circunstâncias, começaram a informatizar-se para serem publicadas, primeiro em suportes automatizados analógicos, depois *online*. Pelo seu papel preponderante na área da química, salienta-se a *Chemical Abstracts*; tal como outrora, os resumos de química e respetivas revistas são hoje considerados uma das mais importantes fontes de dados internacionais. Entre outros conteúdos abordados nesta área, destacam-se os relacionados com a química analítica, com a bioquímica, com a química orgânica e com a química física. Esta base de dados tem a sua origem na produção científica publicada pelas mais conceituadas revistas internacionais especializadas desta matéria. A par dos resumos refere ainda informações relativas a congressos, relatórios científico-técnicos, teses e patentes sobre a respetiva área disciplinar.

Atualmente toda a informação disponibilizada por este serviço pode ser consultada em *CD-rom* ou na base de dados *online CAS Search Services*.

Dado o interesse deste serviço no que se refere ao acesso à informação através dos resumos, regista-se em nota de rodapé uma breve referência aos melhoramentos que se entende serem os mais significativos dos que foram desenvolvidos por este serviço no campo da automatização, para agilizar o acesso à informação[93].

---

[93] Face às exigências científicas dos seus utilizadores, o *Chemical Abstracts Service* (CAS) criou em 1965 um sistema automatizado, o *Chemical Abstracts Service* que lhe permitia identificar qualquer substância química de acordo com a sua base molecular. Esta circunstância veio trazer um nível de eficácia considerável nas pesquisas, na medida em que através deste expediente se reduzia de uma forma considerável a ambiguidade.

Em 1966 desenvolveu um sistema automatizado, que não só produzia o *Chemical Abstracts* impresso, mas também começou a alimentar um banco de dados que podiam ser legíveis por computador. Desta forma o CAS foi um serviço pioneiro na adoção das novas tecnologias, que lhe deram a possibilidade de começar a disponibilizar os seus produtos em microforma e fita magnética.

Outras funções automatizadas foram sendo introduzidas pela CAS, com vista ao acesso mais célere e pertinente à informação que disponibilizavam. Em 1980, o CAS *ONLINE*, através da introdução de técnicas de pesquisa seletivas que permitem o específico veio permitir pesquisas mais restritas e precisas. Este recurso veio facilitar a tarefa de pesquisa não só aos investigadores mas também aos profissionais da informação.

Nos anos 90 o CAS reconheceu as potencialidades da Internet para agilizar e simplificar o acesso aos documentos. Entre outras funcionalidades salienta-se aquela que possibilita estabelecer ligações entre um artigo identificado através de uma pesquisa online e o respetivo artigo em texto integral num periódico. Todas estas alterações, ocorridas essencialmente no âmbito da pesquisa vão concorrer para um aumento exponencial da consulta dos documentos. Ver *AMERICAN CHEMICAL SOCIETY* – CAS History. Disponível em www:<URL:http://www.cas.org/about-cas/cas-history>..

Com a revolução que se operou a nível do suporte do documento, a partir dos meados do século XX, que se concretizou na passagem do impresso para o eletrónico, como já foi referido, observaram-se grandes e inovadoras vantagens no que se refere aos resumos, como é o caso do aceleramento da edição e a sua divulgação. A alteração destes dois fatores concorreu, não só para um acesso mais célere deste tipo de produto, como também para a sua disseminação a uma maior escala geográfica. Relativamente à escala geográfica, assistiu-se a um aumento considerável deste tipo de serviços. Neste sentido e, de uma forma geral, por todo o mundo, assistiu-se a um incontestável aumento destes serviços, nomeadamente na Europa e nos Estados Unidos, na área das ciências puras e aplicadas. Calcula-se que nos finais do século XX, entre serviços de resumos sem fins lucrativos e serviços de resumos com fins comerciais, institucionais e/ou privados, e independentemente da sua orientação temática, existiam mais de 1500 em todo o mundo.

Como se referiu, e a título de síntese pode afirmar-se que o suporte eletrónico trouxe consigo novos meios de armazenamento e de divulgação deste tipo de documentos, já que os serviços de resumos começaram a disponibilizá-los em *CD-rom* e *online*; assim, no último quartel do século XX, surgiram as primeiras bases de dados de resumos. Muitas revistas de resumos, que até aqui disponibilizavam este produto em formato papel ou suportes analógicos passaram a facultá-lo em suporte digital. O facto de este trazer consigo uma maior capacidade de armazenamento e uma célere divulgação contribuiu para uma maior atualização das matérias.

O cenário que se começou a desenhar nos anos 70 consolidou-se a partir dos anos 90 com a Internet, na qual algumas destas revistas ficaram disponíveis online para serem consultadas por qualquer interessado, na maioria dos casos mediante um pagamento prévio, que se encontra associado a uma subscrição. A partir desta década proliferam as bases de dados em que se podem consultar resumos e textos integrais.

Face à mudança de suporte e de atitude do utilizador que passou a verificar-se nas últimas décadas do século XX e inícios do século XXI, revelando este uma atitude cada vez mais "agressiva" e seletiva face ao uso da informação, interrogamo-nos se os serviços de informação, como serviços secundários, cujo primeiro propósito é a divulgação e o acesso rápido aos documentos primários continua a assumir a pertinência que teve quando foi criado e que manteve ao longo dos últimos dois séculos. Na nossa perspetiva, mais do que nunca, os produtos fornecidos por este tipo de serviços, nomeadamente resumos e indexação são uma considerável mais-valia para os investigadores e todos aqueles que consultam bases de dados porque, como refere Lancaster[94] num artigo sobre o futuro dos serviços de resumos, são um filtro da pesquisa bibliográfica, ao orientar quem consulta os documentos secundários para os primários, ou de um documento secundário para outro documento secundário. Eles são o meio através do qual se depura o manancial de informação disponível na Internet, proporcionando, deste modo, aos interessados, não a totalidade da informação que se produz numa determinada área específica, mas apenas aquela que se encontra orientada para um determinado campo restrito do seu interesse, aquela que, em última análise, vem preencher a sua necessidade de informação.

Se é um facto que hoje, através da *world wide web* (WWW) se podem elaborar resumos e outros documentos secundários, é também um facto que esta plataforma, em parte, se alimenta de resumos, sobretudo no que diz respeito à produção científica. Deste modo, este sistema é simultaneamente produtor e consumidor

---

[94] LANCASTER, Frederick W; NEWAY, Julie M. – The future of indexing and abstracting services. *Journal of the American society for information science*. Disponível em www:<URL:http://ehis.ebscohost.com/ehost/pdfviewer/pdfviewer?sid=d1c1fcf6--96c9-4c10-9e7e-69ce81ce1ced%40sessionmgr112&vid=2&hid=121>.

deste tipo de documentos. Para tal situação concorre a proliferação de revistas impressas e, sobretudo eletrónicas, cujos conteúdos são produzidos pela comunidade científica. Muitos dos seus conteúdos são divulgados, em forma de resumos, na *world wide web* antes de serem publicados em texto completo nas bases de dados que se encontram em linha. Muitos dos resumos que constituem estas bases de dados e, em alguns casos, repositórios científicos, são elaborados por serviços de resumos, os quais são caracterizados por um elevado nível de qualidade, uma vez que estão vocacionados para a elaboração desta tarefa, e que devido a este objetivo têm pessoal especializado para produzir este tipo de documentos. Tal como ontem, os serviços de resumos e o próprio resumo continuam a ser um meio privilegiado de divulgação e seleção dos documentos primários, nomeadamente no que se refere à produção científica.

# CAPÍTULO II

## RESUMO DOCUMENTAL: SÍNTESE CONCETUAL DE ALGUNS FRAGMENTOS

# RESUMO: FUNÇÃO, TIPOLOGIA, FORMA DE APRESENTAÇÃO E LOCALIZAÇÃO

Neste capítulo, entre outros aspetos teóricos que caracterizam e se prendem com o resumo enquanto produto documental, quer no que se refere à sua relevância concetual, quer no que se relaciona com a sua importância na dimensão prática, privilegiam-se para uma abordagem mais exaustiva três elementos que, do nosso ponto de vista, entendemos serem aqueles que, de uma forma mais objetiva e precisa, identificam e autonomizam o resumo enquanto estrutura de representação concetual da informação, são eles: a sua função, a sua tipologia e a sua estrutura.

## 2.1. Função

Antes de mais, interessa salientar que as funções de um resumo são essencialmente de natureza pragmática e utilitária. As funções[95], independentemente da sua tipologia e da sua estrutura são, de uma forma geral, idênticas[96], podendo numa leitura menos comprometida, diluir-se com as suas próprias características. Neste sentido, e dada

---

[95] LANCASTER, Frederick W. – *Indexing and abstracting in theory and practice*. 1991. P. 89-96. BORKO, Harold; BERNIER, Charles L. – *Abstracting concepts and methods*. 1975. P. 4-9. ROWLEY, Jennifer E. – *Abstracting and indexing*. 1982. P. 11-12.

[96] De uma forma dispersa, algumas delas encontram-se referidas no ponto referente à Aceção documental do resumo (1.1.2).

a importância que assumem na sua compreensão, em particular no que respeita à sua dimensão teórica, é pertinente apresentar-se um breve desenvolvimento sistematizado e fundamentado daquelas que mais se evidenciam e mais o particularizam, sobretudo quando se compara com outros documentos similares.

Uma das principais funções dos resumos, aquela que, de resto, esteve na sua origem, é a de *alertar* os eventuais interessados para um novo documento original, através de uma informação sumária constituída por um conjunto de elementos extraídos do documento primário. Outra função, a não descurar e primordial, é o facto de o resumo, geralmente *antecipar* a informação contida no documento original, permitindo, deste modo, aos eventuais interessados num assunto particular aferir da pertinência da consulta do documento ao qual se encontra associado.

Esta função encontra-se estritamente relacionada com outra, que é a possibilidade de *substituir*, em determinados casos, o documento original[97]. O cumprimento desta função acontece quando a informação que apresenta relativamente ao original é suficiente e inequívoca para responder às necessidades de quem o consulta, situação que concorre para uma economia de tempo para o utilizador. Todavia, nunca podemos descurar o facto de um resumo não ter nem as mesmas características, nem as mesmas funções, nem os mesmos propósitos que são atribuídos ao documento original, pois este foi concebido para descrever em pormenor um estudo que lhe confere a sua razão de existir, cumprindo-lhe, por isso, apresentar

---

[97] Relativamente a esta questão, somos de opinião que um resumo apenas deve substituir o documento original quando a matéria sobre o qual incide é periférica ao tema investigado. Nos casos em que o resumo se baseia no tema nevrálgico, este não o deverá substituir, mesmo se se tratar de áreas das ciências puras e aplicadas, nas quais a probabilidade de equívocos na leitura é menor do que na área das ciências sociais. A corroborar a nossa ideia encontra-se um estudo efetuado por Thompson, que se baseia num conjunto de outros estudos que vão no mesmo sentido. THOMPSON, Charles W. N. – *The Functions of Abstracts in the Initial Screening of Technical Documents by the User*.

da forma mais completa possível os seus propósitos: a metodologia, o desenvolvimento e as conclusões. Dada esta circunstância, um resumo não pode anular o documento original que o gera; a sua função relativamente ao documento original tem de ser entendida numa perspetiva de complementaridade, cuja maior utilidade se prende com a transferência do conhecimento [98].

Uma outra função a considerar é aquela que lhe permite *selecionar a informação*[99], na medida em que o utilizador, através de um resumo poderá preterir ou eleger um ou vários documentos sobre o mesmo assunto, num conjunto restrito ou alargado, podendo fazê-lo, em determinados casos, mesmo antes de o documento original ter sido publicado. Estas funções apenas são possíveis por o resumo, em si mesmo, filtrar a informação. Tal situação só é exequível, dado o facto de na sua elaboração apenas se privilegiarem os elementos relevantes, tanto no que respeita ao conteúdo, como à estrutura do documento original, isto é: o resumo apenas deverá apresentar a informação que represente, concetual e formalmente, de forma inequívoca, o documento em que se baseia. Este filtro, que é endémico à sua própria condição, concorre para que os utilizadores possam, também eles, filtrar a informação através dele. Esta característica faz com que desde a sua origem, mas sobretudo ao longo do século XX, e até à atualidade, o resumo seja considerado um instrumento da maior relevância para a seleção/filtragem da informação, no que se refere à produção científica. Para tal concorreu, naturalmente, o vínculo estabelecido entre o aumento da produção científico-técnica e o desenvolvimento dos instrumentos de disseminação da mesma, em particular as telecomunicações e a informática. O facto de os resumos possuírem esta função converge para manter o conheci-

---

[98] BORKO, Harold; BERNIER, Charles L. – *Abstracting concepts and methods*. 1975. P. 67.

[99] UNESCO – *Guide for preparation for the scientific papers for publication*. 1983. P. 6.

mento de uma determinada matéria atualizado por parte de quem os consulta. Deste modo, os utilizadores encontrar-se-ão a par de uma parte substancial da literatura que se publica sobre a sua área de interesse, situação que de outra forma seria impossível, tendo em conta o volume da produção, nomeadamente da literatura científico--técnica. Esta conclusão leva-nos a outra função dos resumos que é a de atualizar os utilizadores.

Interessa também referir outras funções, como a de serem uma base sólida em que poderá assentar o processo de indexação por assuntos, a partir do qual se elaboram os catálogos alfabéticos de assuntos e os índices de matérias, o facto de contribuírem para a supressão das barreiras linguísticas, a circunstância de estimularem a pesquisa em bases de dados e, por último, a de serem uma fonte privilegiada de extração de metadados.

No que respeita ao contributo para o processo de indexação, entende-se ser esta função de extrema relevância, por dois motivos que se prendem com a estrutura dos resumos. Em primeiro lugar, salienta-se que, o facto de os resumos apresentarem os conteúdos mais relevantes dos documentos enquadrados numa estrutura, quase sempre normalizada e explícita, é condição primordial para a celeridade e qualidade da análise de conteúdo; condição que aumentará a sua relevância se os resumos forem elaborados pelo autor ou por um profissional da informação. Outro fator importante a reter sobre esta questão tem a ver com a circunstância de os resumos na sua estrutura apresentarem palavras-chave, o que permite a quem indexa conhecer de uma forma quase imediata e precisa os assuntos mais relevantes do documento a indexar, assim como os termos a considerar na representação dos conceitos. No que se refere a esta função, ela torna-se mais fiável caso os resumos sejam elaborados pelos autores e os documentos pertençam às áreas das ciências puras e aplicadas; como é sabido, este tipo de ciências caracteriza-se por adotar um discurso objetivo no que se refere aos conteúdos, portanto pouco suscetível a dúvidas de interpretação. Daí muitos serem os serviços de indexação que se baseiam nos resumos para efetuar esta tarefa.

Quanto à função que exerce no que diz respeito à supressão das barreiras linguísticas, esta situação tem a ver com o facto de os resumos serem, na maioria dos casos, redigidos em inglês ou traduzidos para este idioma. Tal situação concorre para que o resumo propicie o acesso à informação contida em documentos que se encontram em línguas menos conhecidas ou mesmo desconhecidas. Além da informação se tornar inteligível a quem a consulta, permite também uma maior divulgação da produção científica e técnica que se encontra escrita naqueles idiomas e que de, outro modo, seria inacessível.

Outra função a considerar tem a ver com a *pesquisa em bases de dados e plataformas digitais*. O facto de os resumos serem redigidos em linguagem natural[100] concorre para que este tipo de documentos secundários seja muito atrativo a quem pesquisa, na medida em que o utilizador poderá efetuar uma pesquisa sobre conteúdos relevantes de um dado documento, sem que tenha necessidade de conhecer qualquer tipo de linguagem de indexação. Deste modo, os resumos são meios de grande relevância no que respeita à veiculação da pesquisa online, essencialmente aos documentos que se encontram em texto integral.

Por último, não pode deixar de se considerar o papel que o resumo assume como fonte privilegiada de extração de metadados, na medida em que através dele se podem obter os termos que representam os conceitos mais significativos de um documento; é seu objetivo representar informação em outros documentos secundários, como por exemplo catálogos de assuntos, repositórios e bases de

---

[100] FIDEL, Raya – Writing abstracts for free-text searching. *Journal of Documentation*. 1997. P. 11-12.

dados. Daí que possa considerar-se um resumo, não apenas como metainformação, mas também como fonte geradora da mesma.

> Alertar para o documento primário
> Antecipar o documento primário
> Substituir o documento primário
> Selecionar informação
> Atualizar informação
> Suprimir barreiras linguísticas
> Estimular a pesquisa em bases de dados e plataformas digitais
> Fonte de recurso de metadados

Figura 2: Funções do resumo

## 2.2. Tipologia

Quando se pensa num resumo associa-se a um texto abreviado e preciso que representa o conteúdo de um documento original; são estas as principais características que o definem e que, por isso, se encontram presentes em qualquer definição. Todavia, um resumo é um produto documental mais complexo do que a simbiose, quase linear, destas três características. A sua complexidade resulta, em grande medida, da sua própria condição, pois enquanto é um fim em si mesmo, é também o resultado de um processo dinâmico e multifacetado, particularidades que concorrem para que seja classificado em diversas tipologias, definidas de acordo com os critérios que lhes estão subjacentes.

Embora nos autores consultados se encontre uma certa homogeneidade de critérios para tipificar os resumos, dada a sua relevância importa registar alguns. Segundo Borko[101], os

---

[101] BORKO, Harold; BERNIER, Charles L. – *Abstracting concepts and methods.* 1975. P. 11.

resumos são elaborados para responder a vários propósitos, a diversos perfis de utilizadores e apresentam-se sob diversas formas. Ainda na sua opinião, é redutor definir e/ou categorizar os resumos a partir do critério que assenta na relação de informação que existe entre o documento original e o respetivo resumo. De acordo com Cremmins[102], existem quatro critérios para categorizar os resumos. São eles: o conteúdo, o propósito, a estrutura e a autoria. Rowley[103], ao referir esta questão afirma que o resumo pode ser considerado sob várias abordagens, que se prendem com as seguintes condições: a função, a natureza do documento original que lhe está na base e o perfil do destinatário. Este autor alerta para o facto de um resumo não poder integrar apenas uma categoria em particular, pois o facto de apresentar diferentes características, permite-lhe ser analisado sob vários critérios, ao mesmo tempo que concorre para várias categorizações em simultâneo. Assim, um resumo pode ser considerado informativo e de autor ou informativo, de autor e estruturado. O facto de ser integrado numa categoria não impede que seja classificado noutras. Donald e Ana Cleveland[104] afirmam que, num paradigma tradicional, a tipologia dos resumos assenta em três critérios: no modo como o conteúdo se apresenta estruturado, no seu objetivo e na sua autoria. Por último, Guinchat e Menou[105] consideram como critérios preponderantes a extensão da informação que os constitui, a presença ou a ausência de apreciações críticas, a autoria e o tipo de linguagem que é utilizada (natural ou artificial). Com

---

[102] CREMMINS, Edward T. – *The art of abstracting*. 1982. P. 4-5.

[103] ROWLEY, Jennifer E. – Abstracting and indexing. 1982. P. 13.

[104] CLEVELAND, Donald B.; Cleveland, Ana D. – *Introduction to indexing and abstracting*. 2001. P. 56.

[105] GUINCHAT, Claire; MENOU, Michel – *Introduction générale aux sciences et techniques de l'information et de la documentation*. 1990. P. 185-186.

base na descrição apresentada sobre os critérios e a tipologia dos resumos, pode concluir-se que, face a tão alargado leque de opções, a elaboração de um resumo dependerá das características do serviço, tais como o orçamento, o propósito ao qual se destina, o cunho do documento original e as necessidades dos seus destinatários[106]; dependerá também dos critérios de categorização apresentados pelos autores mencionados. Ao analisarem-se estes critérios verifica-se que existe uma coincidência entre alguns dos mencionados por estes autores, em particular aqueles que se referem à *autoria*, aos *propósitos*, e à *estrutura dos conteúdos*, isto é, à disposição dos elementos concetuais no esquema do resumo.

Tendo como ponto de partida os critérios apresentados pelos autores referidos e por outros que foram consultados[107], para a apresentação de uma tipologia de resumos numa tentativa de evitar a dispersão concetual e metodológica, propõe-se uma tipologia e a sua análise sob três categorizações: quanto à *autoria*, quanto ao nível da descrição *analítica/densidade* informativa e quanto à *estrutura dos conteúdos*. As razões que se prendem com a eleição destas categorias e respetivos critérios têm a ver, por um lado com o facto de serem estes os critérios, que de uma forma geral, coincidem com os apresentados pelos autores analisados, por outro, porque se entende serem os que mais identificam e caracterizam um tipo de resumo, independentemente do facto, como já foi referido, de em muitas situações, poder ser integrado em diversas categorias.

---

[106] DIJK, Marcel Van; SLIPE, Georges Van – *Le service de documentation face à l'explosion de l'information*. 1997. P. 97.

[107] Idem, p, 30; PINTO MOLINA, Maria – *El resumen documental: paradigmas, modelos y métodos*. 2001. P. 179 ; GUINCHAT, Claire; MENOU, Michel – *Introduction générale aux sciences et techniques de l'information et de la documentation*. 1990. P. 185-186; MOREIRO GONZÁLEZ, Jose Antonio – *El resumen y la comunicación científica: variedad de aplicaciones*. 1988. P. 64-82.

## 2.1.1. Autoria

No que respeita a esta tipologia, de um modo geral ela apresenta quatro categorias[108]: os *resumos de autor*, aqueles que são elaborados pelos próprios autores dos documentos originais; os *resumos de especialistas*, aqueles que, como a própria designação infere, são elaborados por resumidores peritos no assunto; os *resumos de profissionais*, aqueles que são elaborados pelos técnicos habilitados com competências para exercerem esta prática e os resumos que são elaborados por computador[109].

**Resumos de autor** – No que diz respeito aos resumos elaborados pelos autores, eles acompanham geralmente o documento original. Nesta categoria salientam-se os que se encontram agregados ao documento e que são publicados em periódicos impressos ou em bases de dados, assim como em comunicações editadas geralmente em livros de atas. Este tipo de resumos habitualmente não antecede o documento original, dado o facto de se encontrar agregado a este, o que concorre para a ausência de um período de "embargo" entre a notícia do documento original e a publicação do mesmo. Esta é uma das grandes vantagens deste tipo de resumos pois, em determinadas situações, é considerável o hiato entre a publicação de um resumo e a publicação efetiva do documento original, situação que em nada favorece, nem quem necessita da informação integral, nem os serviços que os produzem, cujo objetivo é proporcionar informação científica atualizada. Este tipo de resumos são altamente fiáveis acerca do conteúdo, devido ao facto de o autor ser conhecedor da matéria, situação que contribui para que este género de resumo seja

---

[108] CLEVELAND, Donald B.; CLEVELAND, Ana D. – *Introduction to indexing and abstracting*. 2001. P. 58.
[109] BORKO, Harold; BERNIER, Charles L. – *Abstracting concepts and methods*. 1975. P. 13.

quase sempre de tipo informativo[110], apresentando um conjunto de informação bastante sólida, consistente e estruturada, na medida em que segue muito de perto o documento original, quer no que se refere à estrutura quer ao conteúdo. Outra vantagem que concorre para que sejam considerados de alta qualidade reside no facto de o autor conhecer a matéria e dominar a terminologia técnica e especializada, o que contribuiu para que haja coincidência entre o resumo e o documento original[111] não apenas no aspeto concetual como no formal, proporcionando a quem os consulta uma leitura fluida e despojada de ambiguidades. Outra vantagem a considerar tem a ver com os custos da sua elaboração. Quanto a este aspeto, como se poderá inferir-se, eles são reduzidos, na medida em que é o próprio autor que elabora o resumo, situação que é uma mais--valia para os serviços de resumos. O seu custo poderá ser tão mais reduzido quanto maior for o conhecimento das normas da sua elaboração por parte dos autores.

Apesar disso, em determinados casos, estes resumos falham por não apresentarem uma estrutura coerente, devido ao facto de os autores não possuírem experiência e, em muitas situações, não conhecerem as normas de elaboração. Outro fator a considerar neste tipo de resumos, talvez o mais difícil de superar, é o que se prende com a subjetividade[112], na medida em que os autores, de forma consciente ou não podem omitir ou enfatizar informação. Apesar de se verificarem estas deficiências, que irão concorrer para uma qualidade discutível dos resumos, muitas revistas exigem que os autores agreguem aos textos originais os resumos. Há serviços de resumos que os usam como base para a elaboração dos resumos

---

[110] CHAUMIER, Jacques – *Análisis y lenguajes documentales: el tratamiento linguístico de la información documental*. 1986. P. 23.

[111] MOREIRO GONZÁLEZ, Jose Antonio – *El resumen y la comunicación científica: variedad de aplicaciones*. 1988. P. 73.

[112] CREMMINS, Edward T. – *The art of abstracting*. 1982. P. 36.

definitivos, estes últimos produzidos por profissionais, cujo objetivo é serem integrados em bases de dados e/ou em bibliografias especializadas. Sobre esta questão Rowley[113], aponta uma solução de compromisso ao defender que este tipo de resumos deverá servir apenas de modelo aos resumos elaborados por especialistas, sendo, deste modo submetido à aferição dos profissionais. Quanto à apresentação estrutural dos seus elementos, os resumos de autor podem ser estruturados, embora na maioria dos casos, o não sejam. A opção por uma ou outra modalidade depende essencialmente do seu destinatário e da área do conhecimento à qual se encontram associados.

Apesar das desvantagens que apresenta, segundo Marcel Van Dijk e Georges Van Slipe[114], este tipo de resumos é indubitavelmente aquele que tem maiores vantagens em especial no que respeita à relação custo/tempo e às qualificações do autor.

Para um melhor esclarecimento acerca deste tipo de resumos apresenta-se o seguinte exemplo[115]:

---

[113] ROWLEY, Jennifer E. – *Abstracting and indexing*. 1982. P. 16.

[114] DIJK, Marcel Van; SLIPE, Georges Van – *Le service de documentation face à l'explosion de l'information*. 1997. P. 100.

[115] Como poderá verificar-se este resumo de autor encontra-se publicado numa revista. Apresenta como características acompanhar o texto integral, como é habitual ocorrer neste tipo de resumo. Tem a particularidade de ser um resumo de tipo informativo (Ver alínea b), apesar de não apresentar uma estrutura explícita.

> Sistemas de informação: um panorama da pesquisa científica entre 1990 e 2003.
> Hoppen, Norberto; Meirelles, Fernando (Departamento de Ciências Administrativas, Escola de Administração da Universidade Federal do Rio Grande do Sul, BR.; FGV-EAESP). RAE-Documento 45(2005) 24- 35.
>
> **Resumo**
> Este artigo apresenta uma análise da pesquisa científica brasileira em Sistemas de Informação (SI). Ele avalia o estado da arte da área a partir do exame de 343 artigos publicados em revistas científicas de Administração entre os anos de 1990 e 2003. A análise se concentra nos temas abordados e nas estratégias e metodologias de pesquisa. Constatou-se que: primeiro, no período ocorreu uma significativa redução na proporção de ensaios teóricos publicados; segundo, as estratégias de pesquisa são predominantemente exploratórias; terceiro, o estudo de caso e a pesquisa survey são os métodos preferenciais adotados; e, quarto, há um predomínio do tema Administração da Informação. Especificamente, para o período 1990-1997 avaliou-se a qualidade científica dos artigos publicados e verificou-se a existência de várias limitações metodológicas. Com o propósito de consolidar a pesquisa na área, sugerem-se algumas ações à comunidade acadêmica de SI para aperfeiçoar a consistência metodológica e a relevância das pesquisas.
>
> **Palavras-chave:** Sistemas de Informação, produção científica, avaliação, artigos científicos.
>
> **INTRODUÇÃO**
> A área de Sistemas de Informação (SI), como um dos campos da Administração, tem-se expandido e está evoluindo continuamente em razão das mudanças e do
> impacto econômico que produz nas organizações e na sociedade, bem como em função da evolução da própria tecnologia de informação. Do ponto de vista acadêmico, a SI é relativamente recente, surgindo em meados da década de 1980 e fortalecendo a sua identidade na década de 1990.
>
> JAN./MAR. 2005 • ©RAE • 25

Figura 3: Resumo elaborado pelo autor[116]

**Resumos de especialistas** – Estes são os resumos com melhor qualidade no que se refere aos conteúdos, devido ao facto de

---

[116] Disponível em www:<URL:http://gvpesquisa.fgv.br/sites/gvpesquisa.fgv.br/files/arquivos/fernando_meirelles-sistemas_de_informacao.pdf>.

quem os elabora conhecer em profundidade o assunto a resumir. Estes resumos caracterizam-se por serem: exaustivos, precisos, claros e sucintos[117]. Apesar disso, podem manifestar falta de conhecimento e coerência na aplicação das técnicas de elaboração. Devido a esta lacuna há serviços de resumos que formam os especialistas, ensinando-lhes os métodos e técnicas de elaboração deste tipo de documentos, dado o facto de preferirem que os resumos sejam elaborados por profissionais[118]. Nas situações em que tal se verifica especialmente em matérias científicas, os resumos caracterizam-se por serem de elevada qualidade, como se observa no caso das ciências médicas. Embora de um modo diferente, tal como acontece nos resumos de autor, a subjetividade é também um elemento presente e perturbador. Sendo um especialista no assunto abordado no documento original, o autor do resumo poderá não concordar com as ideias nele expressas e ter a tendência para as manipular ou omitir, concorrendo, caso se observe esta situação, para resumos de dúbia qualidade, na medida que não é fiel à mensagem do autor, uma das mais importantes características de um resumo.

**Resumos de profissionais** – Como o próprio nome indica, são resumos elaborados por pessoas que fazem desta "arte" a sua profissão, com frequência técnico-profissionais analistas. Normalmente produzem resumos em línguas diferentes daquelas em que os documentos originais estão redigidos e trabalham em áreas nas quais há dificuldades em encontrar especialistas para os elaborarem. A qualidade destes resumos, quando são elaborados por profissionais que dominam as áreas sobre os quais se debruçam é excelente, na medida em que estes autores também dominam as

---

[117] BORKO, Harold; BERNIER, Charles L. – *Abstracting concepts and methods*. 1975. P. 14.

[118] CLEVELAND, Donald B.; CLEVELAND, Ana D. – *Introduction to indexing and abstracting*. 2001. P. 59.

técnicas metodológicas de resumir, o que concorre para uma redação correta do texto; a observância do contrário poderá redundar em resumos de fraca qualidade[119].

Uma desvantagem que este tipo de resumos apresenta relativamente aos de autor é o facto de serem onerosos e, em determinadas situações, menos céleres do que os que são efetuados por ele.

Estes resumos são aqueles que apresentam um maior nível de objetividade. Devido a esta circunstância, estes profissionais são tidos como mediadores face aos resumos de autor, na medida em que poderão moldar tanto os conteúdos como os formatos[120], dado que conhecem as indicações determinadas nas normas para esse fim, contribuindo, deste modo, para resumos concetualmente consistentes e bem estruturados.

Para este tipo de resumo apresenta-se o seguinte exemplo[121]:

> The first steps of Diamond nucleation on gypsum flower-like carbon. Despres, J. F. (et al.) (Dept. of Mater. Sci. & Eng. Tokyo Inst. Of Technol. Japan). Carbon (UK), 37:3(1999) 517-519.
>
> The authors have confirmed that a direct transition from grafite (sp3 carbon atom) to Diamond (sp3 carbon atom) is possible without any "amorphous" phase. They observed the first steps of this transition. This transition occurs in very standard conditions of gypsum flower-like carbon (GFC) elaboration and no obvious prerequisites have been found to explain the reason for this triggering.

Figura 4: Resumo elaborado por um profissional[122]

---

[119] BORKO, Harold; BERNIER, Charles L. – *Abstracting concepts and methods*, 1975. P. 14.

[120] MOREIRO GONZÁLEZ, Jose Antonio – *El resumen y la comunicación científica: variedad de aplicaciones.* 1988. P. 75.

[121] O resumo que se apresenta para ilustrar este caso, além de se encontrar publicado numa das mais antigas e conceituadas revistas de resumos, apresenta características de um resumo de tipo indicativo (Ver ponto 2.2.2), na medida em que apenas expõe as ideias mais relevantes do documento original.

[122] *Physics Abstracts*, 13 (1999) 10200.

Após esta exposição, e a título de conclusão, pode referir-se que ao autor de um resumo, independentemente da categoria na qual se integre, entre outras habilitações deve exigir-se: o conhecimento razoável do tema; o conhecimento da língua do texto original e outros idiomas; técnicas e normas de elaboração de resumos e ainda outras competências pessoais, de entre as quais se salienta um espírito analítico-sintético, na medida em que esta simbiose de habilitações concorrerá indiscutivelmente para a elaboração de resumos de elevada qualidade.

**Resumos automáticos** – Este tipo de resumos é elaborado através do recurso a programas de computador. Surgiu da necessidade de criar mecanismos que acelerassem a difusão e o acesso à informação científica, nomeadamente à produção da área científico-técnica, sobretudo a partir da segunda metade do século XX. O desenvolvimento desta atividade teve ainda o contributo de dois fatores: os altos preços praticados pelos resumidores que concorriam para que o acesso a este tipo de publicações e serviços secundários ficasse condicionado e os avanços tecnológicos que permitiram o desenvolvimento e a consolidação de ferramentas que possibilitaram a elaboração de resumos e outro tipo de documentos secundários como, por exemplo, as técnicas de estatística e as técnicas linguísticas, que mais tarde evoluíram para um outro patamar, que tem a ver com as técnicas léxico-sintáticas e as técnicas lógico-esquemáticas.

Estas circunstâncias concorreram para que se desenvolvessem programas de computador capazes de executar tal tarefa, prática que, de resto, rapidamente se tornou prioritária e se disseminou. Com o fim de atingir este objetivo muitos foram os estudos levados a cabo por individuais e por empresas, nomeadamente a partir dos inícios da década de 50. Assim, os primeiros estudos sistemáticos relacionados com esta temática surgiram no final desta década e ao longo da década de 60. Entre outros estudos salientam-se os de Luhn[123], que se baseou no emprego da técnica de frequência de palavras, e o de Edmundson[124], baseado na técnica de frases-chave, técnicas essas que já eram utilizadas na indexação. Ao longo do tempo, estas técnicas aplicadas à elaboração de resumos de forma automática foram evoluindo e ganhando uma maior complexidade. Segundo Cunha e Torres-Moreno[125], podem considerar-se dois tipos de técnicas: as que se baseiam na estatística e as que assentam em técnicas linguísticas. De acordo com estes autores todos os sistemas de resumos automáticos empregam estas estratégias conjuntas, se bem que em todos eles haja sempre uma que sobreleva a outra, não se observando, portanto, uma equidade no seu emprego. As técnicas estatísticas baseiam-se em modelos Bayesianos; técnicas de clustering e grafos, entre outras técnicas. Os modelos em que assentam as técnicas linguísticas prendem-se, entre outras, com a exploração de posições textuais, com a estrutura do discurso e com as cadeias lexicais[126].

Um dos maiores problemas que se colocou no que se refere ao processo de elaboração de resumos automáticos foi aquele que se prendia com a seleção de frases que continham uma maior relevância informativa[127]. A este propósito muitos foram os métodos desenvolvidos relativamente à terminologia utilizada.

O desenvolvimento dos sistemas informáticos e das respetivas linguagens concorreu para que, ao longo do tempo, os resumos

---

[123] LUHN, H. P. – *The Automatic Creation of Literature Abstracts*. 1958.

[124] EDMUNDSON, H. P. – New Methods in Automatic Extraction. *Journal of the Association for Computing Machinery*. 1969.

[125] CUNHA, Iria [et al.] – *Un algoritmo lingüístico para resumen automático de textos especializados*. 2009. P. 67.

[126] No estudo realizado por estes autores concluíram que a aplicação dos dois métodos suplanta em termos de resultados a aplicação de cada um per si.

[127] NOBODITY, W. – *The relevance of terminologies for automatic abstracting*. 1982. P. 161-165.

produzidos através deste recurso fossem apresentando resultados cada vez mais positivos. Segundo Pinto Molina[128], estes resultados têm a ver com as melhorias levadas a cabo na leitura e na análise interpretativa, sobretudo com o que se relaciona com as técnicas léxico-sintáticas e lógico-esquemáticas. Ainda segundo a mesma autora[129], na elaboração dos resumos, o problema surge no momento em que é necessário recorrer a estratagemas automáticos de síntese, isto é, quando se pretende produzir o texto do resumo como um texto autónomo e coerente. Para que tal procedimento tenha sucesso é necessário que os programas de computador sejam desenvolvidos de forma a utilizarem ferramentas que possibilitem a utilização de estratégias semânticas e contextuais conducentes a uma redação que traduza de forma coerente o conteúdo dos textos originais. Apenas deste modo será possível executar esta operação com coerência e consistência, particularidades necessárias para que, a partir deste meio, resulte um produto fiável, essencialmente no que diz respeito à área das ciências sociais, matérias em que é mais difícil utilizar esquemas automáticos, na medida em que a sua terminologia não é pautada pela estabilidade semântica, ao mesmo tempo que o seu discurso é rico em ideias implícitas, ao contrário do que acontece com as ciências puras e aplicadas.

Apesar de todos estes constrangimentos, interessa registar algumas vantagens que este tipo de resumos apresenta. De entre elas destaca-se a relação custo/tempo e o elevado número de resumos que pode produzir-se através deste meio quando o comparado àquele que é elaborado nos moldes tradicionais.

---

[128] PINTO MOLINA, Maria – *El resumen documental: paradigmas, modelos y métodos*. 2001. P. 116-117.

[129] *Idem*, p. 117.

Por último, não pode deixar de referir-se que o ato de resumir não difere do processo de indexação automática, embora o primeiro se apresente como um processo mais complexo, na medida em que implica a construção de uma nova estrutura textual baseada nos elementos que foram extraídos automaticamente e que, numa segunda fase devem ser reorganizados automaticamente, de forma a construírem uma unidade textual lógico-semântica autónoma[130]. No entanto, como já foi referido, ainda hoje permanecem algumas limitações semânticas e contextuais, no momento de sintetizar e de se elaborar o resumo, em especial no que se refere à área das ciências sociais.

O processo de elaboração dos resumos automáticos tem vantagens muito expressivas, face ao modelo tradicional. Salienta-se: a localização automática e célere de conceitos no resumo propriamente dito ou nas palavras-chave que fazem parte da sua estrutura; permite ainda a consulta do documento original quando ele se encontra acessível na mesma base de dados em que se consulta o resumo; algumas bases de dados admitem que se expanda a pesquisa sobre a produção científica do(s) autor(es) do texto original através de ligações estabelecidas entre metadados da secção de referência do resumo e/ou das palavras-chave. Outras vantagens prendem-se com o facto de poder criar-se de uma coleção sobre um determinado assunto, através de um gestor bibliográfico que a pode divulgar junto de uma comunidade científica, manter os resumos atualizados, permitindo a inclusão de novos resumos e/ou a eliminação de outros de forma automática sem grandes custos. Por último, a relação benefícios/custos é também considerável quando comparada com a dos resumos que são elaborados por técnicas tradicionais.

---

[130] MOREIRO GONZÁLEZ, Jose Antonio – *El resumen y la comunicación científica: variedad de aplicaciones*. 1988. P. 76.

## 2.2.2. Nível de descrição analítica/densidade informativa

Neste ponto, pretende apresentar-se e analisar-se a tipologia dos resumos, assente no critério que consiste na articulação de dois pressupostos: o nível de descrição analítica do assunto abordado no texto original[131] e a densidade informativa do resumo. Desde logo, importa registar que estas duas categorias de análise são inversamente proporcionais.

A aplicação destes dois princípios sustenta-se essencialmente na natureza do original, na satisfação das necessidades de informação dos destinatários e na sua finalidade, isto é: no propósito para o qual o resumo foi elaborado. A revisão da literatura efetuada sobre este assunto, em particular a que foi produzida por alguns teóricos da indexação[132], assim como as orientações que são apontadas pelas normas relativas à elaboração de resumos que têm sido referidas, de forma dispersa, ao longo deste trabalho, nomeadamente a ISO 214-1976 e a ANSI Z39.14-1997, levam a concluir que, de uma forma geral, podem distinguir-se quatro tipos de resumos: o indicativo, o informativo, o indicativo-informativo e o resumo analítico[133]. No que respeita a esta nomenclatura, nem todos os autores comungam dela. De entre eles salienta-

---

[131] Entende-se por nível de descrição analítica a quantidade de matéria que um resumo apresenta. Densidade informativa é o volume que esta ocupa num resumo. A relação que se estabelece entre estas duas grandezas define este critério. À correspondência destas duas grandezas, Pinto Molina chama densidade informativa. PINTO MOLINA, Maria – *El resumen documental: paradigmas, modelos y métodos*. 2001. P. 179.

[132] LANCASTER, Frederick W. – *Indexing and abstracting in theory and practice*. 1991. P. 87-88; PINTO MOLINA, Maria – *El resumen documental: paradigmas, modelos y métodos*. 2001. P. 179-184; BORKO, Harold; BERNIER, Charles L. – *Abstracting concepts and methods*. 1975. P. 14-18; CLEVELAND, Donald B.; CLEVELAND, Ana D. – *Introduction to indexing and abstracting*. 2001. P. 56-58. ROWLEY, Jennifer E. – *Abstracting and indexing*. 1982. P.13-18; IZQUIERDO ALONSO, Mónica; MORENO FERNÀNDEZ, Luis Miguel – *El resumen documental: un reto didáctico*. 2009. P. 34-49.

[133] *Ibidem*.

-se Lancaster[134], para quem o resumo analítico difere dos outros porque não apresenta uma das principais características que lhes é exigida - a objetividade. Segundo este autor, este tipo de resumo pode ser comparado a uma recensão crítica, dado o facto de apresentar juízos valorativos. Nele o autor apresenta os seus pontos de vista sobre o documento original, contextualizando-o, muitas vezes no seu ambiente.

Após esta breve introdução, passa a apresentar-se e a descrever-se cada um dos tipos dos resumos mencionados.

**Resumo indicativo ou descritivo** – Tal como na aceção literal da sua designação, cumpre-lhe indicar ou descrever[135] apenas as ideias principais e mais relevantes do documento original; a sua essência concetual geralmente não observa questões de índole metodológica, independentemente da sua natureza (qualitativa e/ou quantitativa), circunstância que concorre para que se recomende a consulta do documento primário. Segundo Guinchat e Menou[136], cumpre a um resumo indicativo explicitar sumariamente o documento original. Dada esta característica, há autores que veem neste tipo de resumo um desenvolvimento discursivo de um sumário[137]. Neste sentido, concordamos com Moreiro González, quando refere que este tipo de resumo é uma referência global da mensagem de um

---

[134] LANCASTER, Frederick W. – *Indexing and abstracting in theory and practice.* 1991. P. 88.

[135] Dada esta circunstância, há autores que designam este tipo de resumo por descritivo: AMAT NOGUERA, Nuria – *Documentación científica y nuevas tecnologias de la información.* 1989. P. 181; BORKO, Harold; BERNIER, Charles L. – *Abstracting concepts and methods.* 1975. P. 16; CLEVELAND, DONALD B.; CLEVELAND, Ana D. – *Introduction to indexing and abstracting.* 2001. P. 56; CREMMINS, Edward T. – *The art of abstracting.* 1982. (Glossary) e norma ISO 214-1976, 2.

[136] GUINCHAT, Claire; MENOU, Michel – *Introduction générale aux sciences et techniques de l'information et de la documentation.* 1990. P. 186.

[137] PINTO MOLINA, Maria – *El resumen documental: paradigmas, modelos y métodos.* 2001. P. 181.

documento original[138]. Apresenta como principal especificidade o facto de expressar o conteúdo do documento original de uma forma substancialmente compacta, sendo entre os quatro tipos de resumos mencionados aquele que apresenta esta particularidade de uma forma mais vincada. Caracteriza-se por apresentar um nível de descrição analítica reduzido, na medida em que o seu propósito é fornecer apenas a informação necessária para que o utilizador decida sobre a pertinência ou não da consulta do documento original. Assim, este tipo de resumo tem como principal função alertar o utilizador, informando-o sobre a existência de um documento particular numa determinada área do conhecimento. No que diz respeito aos conteúdos, segundo Cremmins[139] este tipo de resumo deve considerar os seguintes elementos do texto original: objetivos, alcance, e/ou metodologia. De acordo com o mesmo autor, não devem ser contemplados os resultados, as conclusões nem as recomendações. Idêntica ideia aparece expressa na ANSI Z39.14-1997, quando refere que este tipo de resumos não deve, necessariamente, conter nem resultados nem metodologia, restringindo-se apenas a descrever a finalidade, e/ou o âmbito da discussão[140]. O facto de não contemplarem nem os resultados nem as conclusões faz com que estes se distingam de forma inequívoca de outros tipos de resumos, em particular resumos informativos, que são aqueles que apresentam características mais próximas destes.

Devido ao seu elevado nível de densidade informativa, normalmente não excedem as 50 palavras, o que leva a que, na maioria dos casos, seja um produto pouco oneroso, quer no que se refere à sua

---

[138] MOREIRO GONZÁLEZ, Jose Antonio – *El resumen y la comunicación científica: variedad de aplicaciones*. 1988. P. 67.

[139] CREMMINS, Edward T. – *The art of abstracting*. 1982. P. 6 e (Glossary). (I consider indicative abstracts to be those which contain information on the purpose, scope, or methodology, but no on results, conclusions, or recommendations.)

[140] ANSI Z39.14-1997: *Guidelines for abstracts*. 1997, 6.2.

elaboração, quer no que diz respeito ao seu armazenamento. Tais particularidades concorrem, na generalidade dos casos, para que este produto se considere atrativo para alguns serviços de informação, designadamente para aqueles que possuem poucos recursos económicos, parcos recursos humanos e um grande volume de informação a tratar. No que respeita à sua elaboração, o facto de o resumidor ter de se restringir ao essencial do texto original, concorre para que o processo de resumir se foque, em especial, nas partes do documento onde existe uma maior probabilidade de se encontrar condensação da informação mais relevante. Esses segmentos textuais encontram-se quase sempre no início e no final dos capítulos. O facto deste tipo de resumo não poder substituir o original, como acontece com o resumo informativo, faz dele apenas uma referência ao texto original.

Este tipo de resumo é usado especialmente em manuais, atas de congressos e em revistas de resumos, como se verifica nos exemplos das Fig. 5 e 6.

Para uma maior compreensão, seguem-se os exemplos, apresentando-se o primeiro com o conteúdo mais desenvolvido que o do segundo:

> The "half-life" of some scientific and technical literatures. Burton, R. E.; Kebler, R. W. (Librarian, Union Carbide Metals Co., Niagara Falls, N. Y.; Development Physicist, Speedway Laboratories, Linde Co., Indianapolis, Ind.). American Documentation. Vol. 11 Issue 1-4, p18-22 (Jan-Oct1960).
>
> A consideration of the analogy between the half-life of radioactive substances and the rate of obsolescence of scientific literature. The validity of this analogy suggests the possibility of more accurate prognostications concerning the period of time during which scientific literature may be used and hence might help to guide the planning of library collections and technical Information services.

Figura 5: Resumo indicativo[139]

> The decomposition approach is inverse heat conduction. D. Lesnic, L. Elliot (Dept. of Appl. Math., Leeds Univ., UK). J. Math, Anal, Appl. (USA), vol. 232, nº 1. P. 82-98 (1 April 1999).
>
> Adomian's decomposition approach is employed for solving some inverse boundary value problems in heat conduction. Further, the modification method is applied to deal whit noisy input data and obtain a stable approximate solution.

Figura 6: Resumo indicativo[140]

**Resumo informativo** – Devido ao conteúdo que apresenta e aos propósitos que pretende atingir, a designação deste tipo de resumos foi sofrendo alterações ao longo do tempo. Por isso, na revisão bibliográfica efetuada aparecem mencionados sob diversas denominações, entre as quais: abstrativos, designação que demonstra uma nítida influência anglo-saxónica[143] e informativos ou analíticos[144], devido ao volume de informação que apresentam relativamente aos de tipo descritivo, que são os indicativos, o que concorre para o facto de em determinados casos este tipo de resumos poder substituir o documento original[145]. Hoje este tipo de resumo é conhecido como resumo informativo, designação que é consagrada nas normas internacionais que pautam a sua elaboração[146].

---

[141] *American Documentation*, 11(1960).

[142] *Physics Abstracts*, 13(1999) 10078.

[143] MOREIRO GONZÁLEZ, Jose Antonio – *El resumen y la comunicación científica: variedad de aplicaciones*. 1988. P. 66.

[144] AMAT NOGUERA, Nuria – *Documentación científica y nuevas tecnologías de la información*. 1989. P. 179; CHAUMIER, Jacques – *Análisis y lenguajes documentales: el tratamiento lingüístico de la información documental*. 1986. P. 22-23.

[145] *Ibidem*.

[146] ANSI Z39.14_1997: *Guidelines for abstracts*. 1997. P. 3. A norma ISO 214 (1976) ainda designa este tipo de resumos por informativos analíticos. Para esta imprecisão terminológica contribui o expresso num texto publicado pela UNESCO, que designa este tipo de resumos por resumos de autor, por eles serem na generalidade elaborados pelos autores do texto original que geralmente acompanham. UNESCO – *Guide for preparation for the scientific papers for publication*. 2nd ed.1983. P. 6.

Um resumo informativo caracteriza-se por apresentar uma descrição completa do conteúdo do documento original, seja ela de natureza quantitativa, qualitativa ou das duas[147], redesenhando, idealmente, a sua própria estrutura[148]. Por este motivo, a análise efetuada ao texto original incide sobre as partes estruturantes do mesmo: objetivos, metodologia, resultados/discussão e conclusões. Dado que expõe de uma forma exaustiva, embora condensada, os aspetos informativos mais relevantes de um documento, apresenta uma descrição analítica considerável, sobretudo quando comparado ao do resumo indicativo, sendo, todavia, a densidade informativa inferior quando se compara com o mesmo tipo de resumo. Quanto ao conteúdo, eles apresentam de forma explícita toda a informação relevante do documento original: uma breve introdução ao tema, o propósito do estudo e os seus limites, a metodologia – cumpre-lhe descrever as metodologias e as técnicas usadas – os resultados e as conclusões[149], sendo estes últimos elementos os de maior relevância na sua composição[150]. Por este motivo, a norma ANSI recomenda que em algumas situações, caso a audiência o justifique, eles deverão ser os primeiros elementos a figurar na estrutura do resumo[151]. Segundo a referida norma[152], este tipo de resumos devem apresentar uma introdução, na

---

[147] AMAT NOGUERA, Nuria – *Documentación científica y nuevas tecnologías de la información*. 1989. P. 179; BORKO, Harold; BERNIER, Charles L. – *Abstracting concepts and methods;* 1975. P. 14.

[148] Dado que apresentam sempre a mesma estrutura, ela é conhecida pela sigla OMRC (Objetivos, metodologia, resultados e conclusões).

[149] BORKO, Harold; BERNIER, Charles L. – *Abstracting concepts and methods*. 1975. P. 6; CLEVELAND, Donald B.; CLEVELAND, Ana D. – *Introduction to indexing and abstracting*. 2001. P. 57.

[150] Na sua composição, em determinadas situações justificáveis, um resumo desta natureza poderá ainda contemplar um breve desenvolvimento da investigação e incluir algumas notas bibliográficas e ilustrações relevantes.

[151] ANSI Z39.14-1997: *Guidelines for abstracts*. 1997. P. 4.

[152] *Ibidem*.

qual sejam focados os propósitos do estudo sobre o qual se debruça, o seu âmbito e as razões que concorreram para a sua elaboração. No que respeita à metodologia refere que na sua descrição devem ser consideradas as técnicas, em especial se forem inovadoras. Os resultados devem ser apresentados de uma forma concisa e informativa, podendo apresentar uma natureza quantitativa, qualitativa ou mista. Quando o seu volume for excessivo para ser registado num resumo deverão ser selecionados, elegendo, nesta escolha, aqueles que são específicos do estudo e/ou aqueles que contrariem anteriores teorias sobre o assunto que é considerado no estudo. Por último, devem fazer parte das conclusões as implicações que dizem respeito ao objetivo do estudo, assim como as recomendações e/ou hipóteses que sejam consideradas pertinentes para estudos posteriores.

Devido às especificidades que este tipo de resumo apresenta, a norma recomenda que, quando o resumo não é redigido pelo autor o resumidor deve consultar literatura especializada no assunto versado, para evitar dispersão e ambiguidades concetuais, sobretudo no que respeita à introdução do resumo, onde é apresentada a contextualização do assunto.

O facto de este tipo de resumo apresentar, de forma sistemática e exaustiva, todos os elementos que compõem um trabalho científico concorre para que ele seja o mais usado pela comunidade científica, nomeadamente nas áreas das ciências puras e aplicadas, sobretudo no que se refere a trabalhos experimentais e a trabalhos que tratem apenas um único tema[153]. Dado o facto de serem considerados de grande fidelidade ao texto original, são usados como documentos de excelência para antecipá-lo, sendo esta valência uma das suas

---

[153] AMAT NOGUERA, Nuria – *Documentación científica y nuevas tecnologías de la información*. 1989. P. 179; BORKO, Harold; BERNIER, Charles L. – *Abstracting concepts and methods*; 1975. P. 14.

principais funções. Esta característica leva a que sejam considerados um recurso privilegiado na seleção de textos originais, como artigos para submeter a congressos ou a publicações periódicas. Embora alguns autores contestem esta prática de utilização, quando a audiência se satisfaça com um conhecimento genérico, o resumo informativo poderá assumir a função do documento original, pois podê-lo-á substituir[154]. Todavia, esta particularidade traz consigo algumas desvantagens de natureza prática, por exigir um espaço de armazenamento considerável e a elaboração ser onerosa. Por todas as características que apresentam são os resumos mais adequados para constituírem bases de dados, sobretudo por serem textos completos, podendo substituir o integral, contribuindo, por isso para uma economia de memória[155]. A sua extensão compreende-se, de uma forma geral, entre as 100 e as 250 palavras, dependendo da extensão e complexidade do documento original. Todavia, este limite poderá ser ultrapassado atingindo as 500 palavras em casos excecionais[156]. Além da profundidade do conteúdo do documento original, a sua extensão também está condicionada ao espaço de memória do objeto de armazenamento, pela capacidade de análise do resumidor, e pelos objetivos do próprio Serviço de resumos que os cria.

Para uma maior compreensão deste tipo de resumos, apresentam-se dois exemplos de resumos de tipo informativo, o primeiro da área das ciências sociais, o segundo da área das ciências aplicadas. Comparando a estrutura interna dos dois verifica-se que o primeiro não apresenta os elementos estruturantes de forma explícita, o utilizador terá de os intuir, enquanto o segundo, o da área das ciências aplicadas, apresenta uma estrutura bem sistematizada e

---

[154] *Ibidem*.

[155] MOREIRO GONZÁLEZ, Jose Antonio – *El resumen y la comunicación científica: variedad de aplicaciones*. 1988. P. 67.

[156] ROWLEY, Jennifer E. – *Abstracting and indexing*. 1982. P. 13.

explícita[157]. Contudo, importa referir que, mesmo os resumos desta área disciplinar nem sempre apresentam uma estrutura explícita. De qualquer modo, mesmo não sendo evidente, ela é mais fácil de identificar do que no caso dos resumos elaborados que têm como base documentos das áreas das ciências sociais, que se apresenta mais difusa, pelo facto de esta área usar uma terminologia mais livre.

> The Cognitive Structure of Library and Information Science: Analysis of Article Title Words. Milojevic, Staša (et al.). School of Library and Information Science, Indiana University, Bloomington 47405-1901. Journal of the American Society for Information Science and Technology, 62:10(2011) 1933-1953.
>
> This study comprises a suite of analyses of words in article titles in order to reveal the cognitive structure of Library and Information Science (LIS). The use of title words to elucidate the cognitive structure of LIS has been relatively neglected. The present study addresses this gap by performing (a) co-word analysis and hierarchical clustering, (b) multidimensional scaling, and (c) determination of trends in usage of terms. The study is based on 10,344 articles published between 1988 and 2007 in 16 LIS journals. Methodologically, novel aspects of this study are: (a) its large scale, (b) removal of non-specific title words based on the "word concentration" measure, (c) identification of the most frequent terms that include both single words and phrases and (d) presentation of the relative frequencies of terms using "heatmaps". Conceptually, our analysis reveals that LIS consists of three main branches: the traditionally recognized library-related and information-related branches, plus an equally distinct bibliometrics/scientometrics branch. The three branches focus on: libraries, information, and science, respectively. In addition, our study identifies substructures within each branch. We also tentatively identify "information seeking behavior" as a branch that is establishing itself separate from the three main branches. Furthermore, we find that cognitive concepts in LIS evolve continuously, with no stasis since 1992. The most rapid development occurred between 1998 and 2001, influenced by the increased focus on the Internet. The change in the cognitive landscape is found to be driven by the emergence of new information technologies, and the retirement of old ones.

Figura 7: Resumo informativo[157]

---

[157] O primeiro exemplo é de tipo não estruturado, o segundo é um resumo estruturado; Ver ponto 2.3. Contudo, os dois apresentam a estrutura interna (OMRC) que caracteriza este tipo de resumos.

> O músculo transverso abdominal e sua função de estabilização da coluna lombar. Cavalcanti, Klíssia Mirelli; Gouveia, Ericson Cavalcanti. Faculdade Integrada de Recife – FIR. Jaboatão dos Guararapes, PE – Brasil; Universidade Federal de Pernambuco. Recife, PE – Brasil. Fisioter. Mov. 21:3 (2008) 45-50.
>
> **OBJETIVO:** Conduzir uma revisão de literatura observando evidências sobre a relação do músculo Transverso do Abdômen e a estabilização da coluna lombar. **MÉTODO:** uma busca em bancos de dados bibliográficos foi realizada utilizando as palavras-chave: músculo Transverso do Abdome, estabilização da coluna lombar, músculos abdominais. Por meio da pesquisa em livros e em bancos de dados, como Scielo, Medline, Lilacs e Pubmed, foram selecionados resumos de estudos que preenchiam os critérios iniciais da seleção, sendo solicitadas cópias dos artigos originais. **RESULTADO:** o Transverso do Abdome tem um importante papel, na estabilização da coluna lombar. Ele possui uma relação com a lombalgia. E, para executar suas funções de forma mais efetiva, seu treinamento deve ser específico.
> **CONCLUSÃO:** O estudo esclareceu e reforçou a função de estabilizador do músculo transverso. Contudo, ainda necessita realizar estudos mais detalhados e com uma maior representação da amostra, para haver uma maior compreensão deste assunto.

Figura 8: Resumo informativo[158]

**Resumo indicativo-informativo** – Segundo a norma ANSI[160], há documentos que pelas suas particularidades exigem resumos que contemplem elementos dos dois tipos referidos: indicativos e informativos, posição idêntica àquela que assume a norma ISO, no que respeita ao mesmo assunto no ponto relativo às definições[161]. Este tipo de resumo, de acordo com Rowley[162], também identifi-

---

[158] Disponível em www:<URL:http://onlinelibrary.wiley.com/doi/10.1002/asi.21602/abstract>.

[159] Disponível em www:<http://www2.pucpr.br/reol/public/7/archive/0007--00002064-ARTIGO_05.PDF>.

[160] ANSI Z39.14_1997: *Guidelines for abstracts*. 1997, 6.2.

[161] ISO 214-1976, 2.

[162] ROWLEY, Jennifer E. – *Abstracting and indexing*. 1982. P. 14

cado como resumo representativo[163], na prática é mais comum do que os resumos exclusivamente indicativos ou os especificamente informativos. Esta circunstância resulta do facto de abordarem a informação mais relevante de um documento original, como se se tratasse de um resumo informativo, e a informação menos significativa, como se se tratasse de um resumo indicativo[164]. Tal estratégia resulta numa mais-valia para utilizadores e serviços, na medida em que, por um lado os utilizadores tomam conhecimento da informação substancial do documento original podendo, deste modo, eleger ou preterir o documento original, por outro, os serviços de resumos economizam nos custos de elaboração, porque a análise incide geralmente sobre os primeiro e último parágrafos do texto a resumir[165]. Outro fator que contribui para os preços reduzidos da elaboração tem a ver com a circunstância de este tipo de resumos ser usado nos domínios das ciências aplicadas e puras que, como se sabe, usam uma terminologia objetiva e uniforme, não concorrendo, deste modo, para interpretações polissémicas contribuindo para uma significativa redução do tempo gasto do ato de resumir. O facto de apresentarem características dos resumos indicativos, no que respeita à sua extensão, converge para uma economia no espaço de armazenamento. Por tudo isto, este tipo de resumo é muito utilizado nos serviços de resumos.

Segue-se um exemplo deste tipo de resumos.

---

[163] RAMÍREZ SAN MARTÍN, J. Antonio – *El resumen representativo. Ciencia y técnica en el mundo.* 1976. P. 463.

[164] ISO 214-1976, 2.

[165] RAMÍREZ SAN MARTÍN, J. Antonio – *El resumen representativo. Ciencia y técnica en el mundo.*1976. P. 463.

> Benevolence and social control: advice from the Children's Bureau in the early twentieth century. Abel, Emily K. Department of Health Policy and Management, Los Angeles. Social Service Review. 68:1 (1994) 1- 19. The correspondence in 1914-15 between Julia Lathrop, chief of the Children's Bureau, and a working-class woman is examined in order to help illuminate a growing debate about the effect of state welfare programs on women. Although Lathrop imposed her own definition on her client's needs, helped to undermine women's confidence in their own knowledge and skills, and perpetuated the gender division of labour, she also responded to this correspondent as a unique individual who helped to restore the dignity that other members of the community had eroded.

Figura 9: Resumo indicativo-informativo[165]

**Resumo crítico** – Este tipo de resumo, também conhecido pelo nome de resumo analítico, resenha crítica[167], revisão crítica[168] e recensão crítica, afasta-se dos outros tipos de resumos já analisados, devido ao facto de apresentar um nível de subjetividade elevado. Por este motivo, alguns autores categorizam-no numa classe que designam por resumos subjetivos[169], ou em outras categorias que não são pautadas pela objetividade. As normas internacionais de elaboração de resumos (ISO e ANSI) contemplam-no no ponto relativo às definições[170]. Estas normas descrevem-no como um dos modelos mais raros, pelo facto de apresentar comentários valorativos sobre o documento original. Dada a semelhança existente entre ele e outras formas de síntese, a norma ISO apresenta uma breve caracterização

---

[166] ANSI/NISO 239.14-1997. P. 11.

[167] MOREIRO GONZÁLEZ, Jose Antonio – *El resumen y la comunicación científica: variedad de aplicaciones*. 1988. P. 70.

[168] BORKO, Harold; BERNIER, Charles L. – *Abstracting concepts and methods*. 1975. P. 16.

[169] MOREIRO GONZÁLEZ, Jose Antonio – *El resumen y la comunicación científica: variedad de aplicaciones*. 1988. P. 70. Ver LANCASTER, Frederick W. – *Indexing and abstracting in theory and practice*. 1991. P. 88.

[170] ISO 214-1976, 2; ANSI/NISO 239.14-1997, 3.

comparativa entre este tipo de resumo e outras expressões como a anotação e o extrato[171]. A norma ANSI/NISO Z39.14-1997 define resumo crítico como: *uncommon form of abstract that contains evaluative comments on the significance of the material abstracted or the style of its presentation. The comments are written by abstractors who are usually subject-area specialists*[172]. De acordo com esta norma um resumo crítico contém comentários de natureza valorativa no que se refere ao material e ao estilo de apresentação. Este tipo de resumo descreve e comenta as principais descobertas e as conclusões mais relevantes do documento original, com o objetivo de orientar o utilizador na leitura do texto ao qual se refere. Por esta razão e, de acordo com a norma ISO 214-1976, há outras partes do documento que para outro tipo de resumos são consideradas relevantes, como é o caso dos objetivos e da metodologia mas que, por vezes, são neste desconsideradas[173].

Antes de começar a analisar este resumo, vão referir-se as razões pelas quais decidiu chamar-se resumo crítico e por que se entendeu incluí-lo nesta secção.

A razão para se chamar resumo crítico[174] prende-se com o facto de este tipo de resumo assentar no binómio aparentemente paradoxal objetividade/crítica. É esta particularidade que mais o caracteriza e o distingue dos outros tipos de resumos, por lhe caber informar o leitor de forma objetiva, mas crítica sobre o texto original, evidenciando para o efeito, entre outros pontos relevantes, as contribuições do autor, as novas abordagens, os novos conhecimentos

---

[171] ISO 214-1976, 2.

[172] ANSI/NISO 239.14-1997, 3.

[173] ISO 214-1976, 2.

[174] Alguns teóricos da indexação usam a mesma nomenclatura para designar este conceito. De entre eles destacam-se: CLEVELAND, Donald B.; CLEVELAND, Ana D. – *Introduction to indexing and abstracting*. 2001. P. 57. CREMMINS, Edward T. – *The art of abstracting*. 1982. P. 113 e ROWLEY, Jennifer E. – *Abstracting and indexing*. 1982. P. 14.

que aporta, assim como apontar as falhas de informação ou de estrutura. A crítica ao documento original deve ser ponderada e isenta de ambiguidades interpretativas, uma crítica com contornos científicos, que deve relevar os pontos fracos e os pontos fortes do trabalho que é objeto do resumo. Designar este tipo de resumo por analítico, como é mencionado em diversa literatura parece-nos redundante, na medida em que todos os resumos apresentam essa particularidade, já que na sua elaboração lhes subjaz uma operação de análise, geralmente exaustiva, característica que, de resto, se evidencia na sua apresentação e que, numa primeira observação, serve para o distinguir do outro tipo de resumos.

Assim, no que respeita à questão de se integrar nesta secção e não se abrir um ponto específico, ela tem a ver com o facto de, apesar deste tipo de resumo não apresentar as principais características de um resumo científico, tais como brevidade e objetividade, ele cumpre na íntegra as funções de qualquer outro resumo: alertar, informar, controlar a bibliografia e, excecionalmente, substituir o documento original.

Após este esclarecimento passam a apontar-se as principais características deste tipo de resumo. A principal característica de um resumo crítico é o facto de ser antes de mais um recurso de avaliação de um documento, quer a nível do conteúdo, quer a nível da apresentação. Numa leitura abrangente e, de acordo com Rowley[175], um resumo desta natureza bem elaborado é duplamente útil ao utilizador, na medida em que, por um lado, descreve o conteúdo do documento e por outro também o avalia. Ainda segundo este autor e outros teóricos da indexação[176], um resumo crítico, tal como o próprio nome induz, é aquele que faz

---

[175] ROWLEY, Jennifer E. – *Abstracting and indexing*. 1982. P. 14.

[176] *Ibidem*; CREMMINS, Edward T. – *The art of abstracting*. 1982. P. 113; LANCASTER, Frederick W. – *Indexing and abstracting in theory and practice*. 1991. P. 88-89.

uma apreciação ao documento original, baseada no conteúdo e nos aspetos formais. Deste modo, o autor do resumo deve tecer opiniões apreciativas sobre a profundidade do estudo, a sua extensão, a adequação da metodologia ao objeto e aos objetivos e a sua contribuição na área do conhecimento em que se insere. A este propósito, Maizell[177] apresenta um conjunto de doze pontos a considerar na elaboração de um resumo deste tipo. Dada a sua pertinência, destacam-se os seguintes: o destinatário, o seu interesse, a complexidade do tema, a profundidade do tratamento do tema (níveis de exaustividade e especificidade), a suficiência dos elementos usados pelo autor sobre o tema, a adequação das técnicas e dos instrumentos utilizados no trabalho original, a relação do estudo com outros similares e a citação dos mesmos, a contribuição de novos pontos de vista e o facto de considerar todos os requisitos para torná-lo inteligível.

Pelo exposto, pode afirmar-se que as principais características deste resumo são o facto de se considerar um meio de avaliação por excelência do documento original e, enquanto tal, uma revisão crítica abreviada da informação nele contida. Ainda de acordo com Rowley[178], para se considerar um resumo crítico de qualidade, ele deve descrever e analisar de modo valorativo o conteúdo do documento original ao apresentar a informação relevante. Pelas suas características, é usado em relatórios, artigos especializados e outros textos breves. Em muitos casos este tipo de resumo assume a função de uma recensão crítica ou de resenha de um livro sendo, por isso, muitas vezes identificado como tal.

No que diz respeito à tipologia dos resumos quanto à descrição analítica/densidade informativa, este tipo de resumo é caracterizado

---

[177] MAIZEL, Robert E.; SMITH, Julian F.; SINGER, T. E. R. – *Abstracting scientific and technical literature: an introductory guide and text for scientists, abstractors, and management*. 1971. P. 65.

[178] ROWLEY, Jennifer E. – *Abstracting and indexing*. 1982. P. 14.

pelo facto de apresentar um nível de descrição analítica muito elevada, na medida em que representa um texto e as respetivas apreciações extensas, manifestando um reduzido nível de densidade. A sua extensão é variável como pode observar-se nos exemplos apresentados nas figuras, 10 e 11. Todavia, excetuando os casos que se prendem com a natureza do texto original e outros condicionalismos pontuais, o resumo crítico não excede as 500 palavras.

Apesar do seu interesse, estes resumos são raros, por exigirem do resumidor, não só as habilidades técnicas requeridas para a sua elaboração, mas também um conhecimento muito significativo do tema, dado que o resumidor exerce sobre o documento original uma apreciação exaustiva, sobretudo no que diz respeito ao conteúdo. Todos estes fatores concorrem para que este tipo de resumos se torne muito oneroso e, por isso, são evitados pelos serviços de resumos. Pelo facto de exigirem um conhecimento muito acurado da matéria, na maioria dos casos são elaborados por especialistas na mesma. Seguem-se dois exemplos de resumos críticos que, como foi referido, têm a particularidade de apresentarem extensões diversas.

> Benevolence and social control: advice from the Children's Bureau in the early twentieth century. Abel, Emily K. Department of Health Policy and Management, Los Angeles. Social Service Review. 68:1 (1994) 1- 19.
> The correspondence in 1914-15 between Julia Lathrop, chief of the Children's Bureau, and a working-class woman is examined in order to help illuminate a growing debate about the effect of state welfare programs on women. Although Lathrop imposed her own definition on her client's needs, helped to undermine women's confidence in their own knowledge and skills, and perpetuated the gender division of labour, she also responded to this correspondent as a unique individual who helped to restore the dignity that other members of the community had eroded.

Figura 10: Resumo crítico[178]

Sustentabilidade e processos de projetos de edificações. Motta, Sílvio F. R.; Aguiar, Maria Teresa P. Universidade Federal de Minas Gerais. Gestão & tecnologia de Projetos. 4(2009) 84-119.
O artigo explora a sustentabilidade e a gestão da construção civil de maneira a implementar as práticas de construção mais sustentável. Em um primeiro momento os autores discorrem sobre o desenvolvimento sustentável, origens históricas, dimensões, relação com as edificações, e cenário atual, traçando um panorama geral da discussão. O posicionamento deles, que eu concordo, é que a sustentabilidade deve ser definida como uma mudança cultural nos processos, práticas e gestão atuais. O modelo de desenvolvimento social, analisado sob o enfoque da dialética segue o seguinte raciocínio: Tese: consumo energia e recursos naturais; Antítese: escassez dos recursos, resíduos e mudanças climáticas Produto: novo modelo de desenvolvimento da sociedade – ainda em construção indefinido. Analisando o processo de projeto de edificações, verifica – se a tentativa de delineá-lo como um sistema fechado (o qual se determinam as entradas, saídas e aspetos relacionados). Entretanto, a sustentabilidade caracteriza-se como um sistema aberto, complexo e dinâmico, e assim, imprevisível. As iniciativas de certificação ambiental das edificações por exemplo, apesar de serem atitudes que buscam a sustentabilidade, não atribuem sustentabilidade ao conjunto de projetos e processos que compõem uma edificação. Isso porque elas permeiam apenas algumas etapas de projeto e muitas vezes fazem parte de uma estratégia isolada, que nem sempre se coaduna com a da organização. É ressaltada a importância da fase de idealização do projeto de arquitetura em relação ao ciclo de vida da edificação. Os conceitos de sustentabilidade devem ser considerados desde esta fase. Demonstra-se que uma dedicação maior nesta fase pode prever e resolver precocemente problemas futuros bem como especificar produtos e soluções mais adequados. Neste sentido é sugerido o uso de ferramentas de tecnologia da informação e comunicação e do conceito de projeto simultâneo. O artigo propõe algumas medidas a serem adotadas pela organização, a fim de colocarem a sustentabilidade em prática. Defende-se que para que a sustentabilidade seja efetivamente aplicada ela deve fazer parte da estratégia organizacional, e ser inserida verticalmente na organização em todos os processos. Por fim, o artigo concluiu que a sustentabilidade é uma mudança cultural e que as buscas de soluções devem acontecer de forma inventiva, criativa e dialética. Para que os conceitos da sustentabilidade sejam inseridos desde a fase de a idealização do projeto é sugerida criação de centros de pesquisa que atuariam em parceria com os procedimentos dando suporte em todas as fases de projeto.

Figura 11: Resumo crítico[179]

---

[179] ANSI/NISO 239.14-1997. P. 13.
[180] Disponível em www:<URL:http://pt.scribd.com/doc/29556569/>.

## 2.3. Forma de apresentação

Como é sabido, quanto ao modo de apresentação do conteúdo de um resumo, ele pode ser estruturado ou não estruturado.

**Resumo estruturado**

Segundo a ANSI/NISO Z39.14-1997[181] um resumo estruturado é caracterizado por apresentar o conteúdo organizado de acordo com subtítulos determinados *a priori*. Donald Cleveland e Ana Cleveland[182] entendem que o resumo estruturado foi um expediente desenvolvido para melhorar a qualidade dos resumos, na medida em que apresentam a informação pertinente (objetivos, metodologia e resultados) organizada de acordo com uma ordem preestabelecida, normalmente aquela que a disposição destes elementos apresenta no original. Contudo, esta ordem poderá ser alterada de acordo com as necessidades dos utilizadores.

Este tipo de resumos surgiu na década de 80 do século XX[183], no âmbito das ciências biomédicas e rapidamente se estendeu a outros domínios do saber, tal foi a sua adesão, o que revela a sua excecional qualidade. Tinha por objetivo garantir aos utilizadores uma informação mais precisa e consistente. O facto de proporcionarem a informação resumida e estruturada de um artigo científico concorre para o acesso à informação de um modo mais célere e preciso, e constitui uma valiosa ferramenta para a revisão de artigos e outros textos científicos pelos seus pares. Dada esta circunstância, atualmente existem cada vez mais revistas científicas que o

---

[181] ANSI/NISO 239.14-1997, 3.

[182] CLEVELAND, Donald B.; CLEVELAND, Ana D. – *Introduction to indexing and abstracting*. 2001. P. 59.

[183] No incremento e consolidação deste tipo de resumos esteve o *Working Group for Critical Appraisal of Medical* que propôs a elaboração de resumos estruturados em 1987; em 1997, o Grupo de Vancouver recomendou também o seu uso.

preconizam. Eles são considerados pelos utilizadores, nomeadamente pelos investigadores, uma sólida ferramenta no desenvolvimento da sua atividade, quer no que respeita à perspetiva de consumidores de informação (acesso à informação de modo rápido e preciso), quer no que respeita à perspetiva de produtores (disseminação de novos conhecimentos de modo célere e preciso). Por isto, pode concluir-se que o resumo estruturado é o mais completo na tipologia dos resumos científicos, porque agiliza o processo de produção da literatura científica e é um recurso primordial na sua disseminação e controlo. Tem como principais funções manter os investigadores e todos aqueles que se servem destes recursos em contacto com os avanços dos seus campos de interesse, permitindo-lhes decidir sobre a leitura dos textos completos, nomeadamente dos artigos, isto é: determinar a pertinência da sua consulta, facilitar a arbitragem científica e a sua efetiva recuperação. Dada a sua estrutura, este tipo de resumo oferece um conjunto mais amplo de informações do que os resumos tradicionais. Tal situação concorre para que, de um modo geral, os autores e os leitores prefiram os resumos estruturados aos tradicionais[184], em função de algumas das suas características mais relevantes, tais como a abertura e a clara sub-divisão do texto nas diversas componentes e partes, concorrendo para que o leitor identifique rapidamente a sua estrutura. Por um lado, a apresentação da informação numa ordem preestabelecida e num conjunto consistente de subcabeçalhos facilita a pesquisa e a recuperação da informação, por outro o uso de um tipo de escrita estruturada disciplina o autor e evita a omissão de informação relevante[185]. Devido a estas particularidades, o resumo estruturado, é um recurso privilegiado de recuperação da informação em bases

---

[184] HARTLEY, James – Current findings from research on structured abstracts. *Medical Library Association*. 2004. P. 368.

[185] HARTLEY, James – Clarifying the abstracts of systematic literature reviews. *Bulletin of the Medical Library Association*. 2000. P. 335.

de dados. Esta preferência tem a ver com a circunstância de os resumos serem redigidos em linguagem natural o que, em muitas situações, leva a interpretações dúbias; o facto de este tipo de resumos possuir encabeçamentos que formalizam e identificam os conteúdos numa macroestrutura permite, a quem pesquisa em ambientes automatizados, reconhecer de forma inequívoca as partes que constituem o documento original e consequentemente os elementos concetuais que lhes estão associados. Dado o papel que desempenham na área da economia e dos estudos sociais, neste tipo de resumos destacam-se os resumos tabulares ou estatísticos. Colocam a ênfase em dados exclusivamente numéricos que por esta circunstância são usados em temas muito específicos, como por exemplo assuntos relativos à estatística ou outros que apresentem propriedades termofísicas[186].

No. 105. Specified Reportable Diseases-Cases Reported: 1945 to 1967.

Prior to 1960, excludes Alaska and Hawaii, except for tuberculosis. Figures should be interpreted with caution. Although reporting of some of these diseases is incomplete, the figures are of value in indicating trends of disease incidence. See *Historical Statistics, Colonial Times to 1957*, series B 275-281, for rates of selected diseases.

| Disease | 1945 | 1950 | 1955 | 1960 | 1964 | 1965 |
|---|---|---|---|---|---|---|
| Amebiasis | 3,412 | 4,568 | 3,348 | 3,424 | 3,304 | 2,768 |
| Aseptic meningitis | (NA) | (NA) | (NA) | 1,593 | 2,177 | 2,329 |
| Botulism | (NA) | 20 | 16 | 12 | 23 | 19 |

[Numbers are in thousands of cases.]

Figura 12: Resumo estatístico[186]

---

[186] PINTO MOLINA, Maria – *El resumen documental: paradigmas, modelos y métodos*. P. 190; BORKO, Harold; BERNIER, Charles L. – *Abstracting concepts and methods*. 1975. P. 20.

[187] *Ibidem*.

Quanto à estrutura, este modelo de resumo pode adotar os seguintes elementos: **Objetivos**, **Metodologia**, **Resultados** e **Conclusões** (OMRC)[188]. Estes elementos quase sempre coincidem com as principais fases do processo de investigação[189], aproximando-se da estrutura do texto original[190]. Porém, no geral, e de acordo com Guimarães[191], este tipo de resumos segue uma estrutura diferente mas similar, composta pelos seguintes segmentos: **Introdução**, **Metodologia**, **Resultados** e **Discussão** (IMRAD), tal como pode observar-se no exemplo abaixo (Fig. 13). Como o próprio termo sugere, a Introdução serve para apresentar o tema que é objeto do estudo.

---

[188] Esta disposição dos elementos é postulada, entre outras Normas internacionais, pela ANSI/NISO Z39.14-1997, podendo ser desdobrados em subcabeçalhos. Esta estrutura (OMRC) vai ao encontro da postulada na Norma ISO 214-1976 para os resumos de tipo informativo, quer a apresentação ocorra num formato estruturado ou em texto livre. Cf. 4.

[189] PINTO MOLINA, Maria – *El resumen documental: paradigmas, modelos y métodos*. 2001. P. 189.

[190] SALAGER-MEYER – *Medical English Abstracts: How well are they structured?* 1991. P. 528-31.

[191] GUIMARÃES, C. A. – *Structured abstracts: narrative review*. 2006. P. 263.

> Risk factors and mortality in patients with nosocomial staphylococcus aureus bacteremia. Wang FD, Chen YY, Chen TL, Liu CY. Section of infectious diseases, Department of Medicine, Taipei Veterans General Hospital, Taipei. Infect Control Hosp Epidemiol. 1998 Jan; 19:1 (1998) 32-7.
>
> BACKGROUND: Infections due to methicillin-resistant staphylococcus aureus become increasingly common in hospitals worldwide. S aureus continues to be a cause of nosocomial bacteremia.
> METHODS: We analyzed the clinical significance (mortality) of MRSA and methicillin-susceptible S aureus bacteremia in a retrospective cohort study in 2900-bed tertiary referral medical center. Survival and logistic regression analyses were used to determine the risk factors and prognostic factors of mortality.
> RESULTS: During the 15-year period, 1148 patients were diagnosed with nosocomial S aureus bacteremia. After controlling potential risk factors for MRSA bacteremia on logistic regression analysis, service, admission, day prior to bacteremia, age, mechanical ventilator, and central venous catheter (CVC) were independent risk factors for MRSA. The crude mortality rate of S aureus bacteremia was 44.1%. The difference between the mortality rates of MRSA (49.8%) and MSSA bacteremia (27.6%) was 22.2% (P« .001). Upon logistic regression analysis, the mortality with MRSA bacteremia was revealed to be 1.78 times higher than MSSA (P« .001). The other predicted prognostic factors included age, neoplasms, duration of hospital stay after bacteremia, presence of mechanical ventilator and use of CVC.
> CONCLUSIONS: Resistance to methicillin was an important independent prognostic factor for patients with staphylococcus aureus bacteremia.

Figura 13: Resumo estruturado[191]

Este tipo de resumo é vantajoso, na medida em que faculta uma visão muito clara do conteúdo do documento original, proporcionando, de um modo célere e conciso, a informação mais relevante. Por isso, o seu uso tem sido muito fomentado, essencialmente em artigos originais e também em artigos de revisão[193]. O seu incremento advém em particular do facto de ser mais fácil de recuperar em

---

[192] Disponível em www:<URL:http://www.ncbi.nlm.nih.gov/pubmed/18313513>.

[193] HARTLEY, James – Current findings from research on structured abstracts. *Medical Library Association*. 2004. P. 368.

ambientes informatizados (nomeadamente em bases de dados), quando se compara com os resumos em texto livre, dado o facto de a informação se encontrar disposta de forma sistematizada e por isso perfeitamente identificável. Disso dão conta os dois resumos apresentados, um em texto livre e outro em texto estruturado.

> **Resumo em texto livre**
> Incidental and informal methods of learning to spell should replace more traditional and direct instructional procedures, according to advocates of the natural learning approach. This proposition is based on 2 assumptions: (a) spelling competence can be acquired without instruction and (b) reading and writing are the primary vehicles for learning to spell. There is only partial support for these assumptions. First, very young children who receive little or no spelling instruction do as well as their counterparts in more traditional spelling programs; but the continued effects of no instruction beyond first grade are unknown. Second, reading and writing contribute to spelling development, but their overall impact is relatively modest. Consequently, there is little support for replacing traditional spelling instruction with the natural learning approach.
>
> **Resumo estruturado**
> **Background.** Advocates of the 'natural learning' approach propose that incidental and informal methods of learning to spell should replace more traditional and direct instructional procedures.
> **Aim.** The aim of this article is to review the evidence for and against this proposition, which is based on two assumptions: (a) spelling competence can be acquired without instruction, and (b) reading and writing are the primary vehicles for learning to spell.
> **Method.** A narrative literature review was carried out of over 50 studies related to these topics with school students, students with special needs, and older students.
> **Results.** The data suggest that there is only partial support for these assumptions. First, very young children who receive little or no spelling instruction do as well as their counterparts in more traditional spelling programs, but the continued effects of no instruction beyond the first grade are unknown. Second, reading and writing contribute to spelling development, but their overall impact is relatively modest.
> **Conclusions.** There is little support for replacing traditional spelling instruction whit the natural learning approach.

Figura 14: Resumo em texto livre e resumo estruturado[193]

---

[194] Disponível em www:<URL:http://informationr.net/ir/hartley2.html>.

Se é um facto que este tipo de resumos é usado sobretudo nas ciências biomédicas[195], sendo comum o seu uso na generalidade das revistas de medicina, é também uma realidade que eles são utilizados em estudos económicos e sociais, nos quais se privilegiam dados numéricos e estatísticos. A recente utilização do resumo estruturado em artigos das ciências sociais, nomeadamente nas ciências da comunicação e na psicologia[196], concorreu para que se tivesse de adaptar a sua estrutura à natureza da sua complexidade temática. Deste modo foram introduzidos dois elementos além dos já considerados: a contextualização e os comentários[197].

No que respeita à sua nomenclatura e aos conteúdos, ao contrário do que se poderá inferir, este tipo de resumos apresenta alguma flexibilidade; tem a ver com o tipo de artigos científicos com os quais se encontra relacionada, em particular com as matérias que eles abordam, com o propósito da sua elaboração e com as entidades que os criam. Deste modo e, para uma apreensão mais precisa deste assunto, apresenta-se um conjunto de modelos, devidamente comen-

---

[195] As revistas da área das ciências da saúde não incluíam este tipo de resumos até ao final dos anos 60 do século XX (Ver: Ad Hoc Working Group, 1987). Na década de 80 e 90 devido ao facto de se apontarem, de forma generalizada, várias deficiências aos resumos tradicionais, começou a pensar-se num novo modelo de resumo – o resumo estruturado. DIJKERS, M. P. J. M. - *Searching the literature for information on traumatic spinal cord injury: the usefulness of abstracts*. 2003. Disponível em www:<URL:http://www.nature.com/sc/journal/v41/n2/full/3101414a.html>.

[196] Em Janeiro de 1997 a *British Psychological Society* (BPS) introduziu resumos estruturados em quatro dos seus oito jornais (*British Journal of Clinical Psychology, British Journal of Educational Psychology, British Journal of Health Psychology. e British Journal of forensic psychology and criminological*). Além disso, desde Janeiro de 2000, a BPS exigiu aos autores o envio das propostas de conferências neste formato estruturado. HARTLEY, James – *Improving the Clarity of Journal Abstracts in Psychology: The Case for Structure*. Disponível em www:<URL:http://informationr.net/ir/hartley2.html>.

[197] HARLEY, J., SYDES, M - *Structured abstracts in the social sciences: presentation, readability and recall*. 1995. No resumo estruturado de tipo informativo (situação mais recorrente), em determinados casos é usual registar-se uma introdução quando o tema é complexo ou da área das ciências sociais. Neste caso, a estrutura é composta pelos elementos habituais deste tipo de resumo e por uma breve nota introdutória, com o fim de contextualizar o tema.

tados, nas figuras que se seguem. Neles expõe-se a nomenclatura e os conteúdos deste tipo de resumos que são preconizados pelas diferentes entidades criadoras.

Em Abril de 1987, o *Ad Hoc Working Group for Critical Appraisal of the Medical Literature* publicou uma proposta para a elaboração de resumos informativos, em que a disposição dos elementos que constituem o resumo é estruturada. Com ela, entendia-se que este tipo de resumos permitisse uma leitura rápida do documento original e a avaliação do seu interesse. Este documento destinava-se a servir de orientação à submissão de artigos originais e continha os sete subcabeçalhos que constam na figura que se segue.

1. **OBJECTIVE:** the exact question(s) addressed by the article.
2. **DESIGN:** the basic design of the study.
3. **SETTING:** the location and level of clinical care.
4. **PATIENTS OR PARTICIPANTS:** the manner of selection and numbers of patients or participants who entered and completed the study.
5. **INTERVENTIONS:** the exact treatment or interventions, if any.
6. **MEASUREMENTS AND RESULTS:** the methods of assessing patients and key results.
7. **CONCLUSIONS:** key conclusions including direct clinical applications.

Figura 15: Proposta de um resumo estruturado para um artigo original segundo o Ad Hoc Working Group for Critical Appraisal of the Medical Literature[197] [198]

Em 1990[199] Haynes, em colaboração com outros autores, propõe uma alteração ao esquema apresentado pelo *Ad Hoc Working Group for Critical Appraisal of the Medical Literature*. Esta nova proposta caracteriza-se por apresentar dois modelos para a elaboração de

---

[198] AD HOC WORKING GROUP FOR CRITICAL APPRAISAL OF THE MEDICAL LITERATURE – *A Proposal for More informative Abstracts of Clinical Articles Annals of Internal Medicine*. 1987.P. 599

[199] HAYNES, R. Brian (et al.) – More informative abstract revisited. *Annales of Internationale Medicine*. 1990. P. 70. Disponível em www:<URL:http://johnstrogerhospital.org/hospitalmedicine/images/resources/102910-032413pm-3698.pdf>.

resumos estruturados: um destina-se aos artigos de revisão, outro destina-se aos artigos originais. Com o intuito de facilitar o processo de arbitragem, este procedimento deveria ser executado a *priori*.

> **ORIGINAL ARTICLES**
> 1. **OBJECTIVE:** the exact question(s) addressed by the article.
> 2. **DESIGN:** the basic design of the study.
> 3. **SETTING:** the location and level of clinical care.
> 4. **PATIENTS OR PARTICIPANTS:** the manner of selection and numbers of patients or participants who entered and completed the study.
> 5. **INTERVENTIONS:** the exact treatment or interventions, if any.
> 6. **MAIN OUTCOME MEASURES:** the primary study outcome measure as planned before data collection
> 7. **RESULTS:** the key findings.
> 8. **CONCLUSIONS:** key conclusions including direct clinical applications.
>
> **REVIEW ARTICLES**
> 1. **PURPOSE:** the primary objective of the review article.
> 2. **DATA SOURCES:** a succinct summary of data sources.
> 3. **STUDY SELECTION:** the number of studies selected for review and how they were selected.
> 4. **DATA EXTRACTION:** rules for abstracting data and how they were applied.
> 5. **RESULTS OF DATA SYNTHESIS:** the methods of data synthesis and key results.
> 6. **CONCLUSIONS:** key conclusions including potencial applications and research needs.

Figura 16: Revisão de proposta de Haynes (et. al.)

Nesse mesmo ano a revista *Annals of Internal Medicine* foi pioneira na adoção dessa proposta[200]. Contudo, em 1996, considerando insuficientes os subcabeçalhos existentes recomendou a adição do subcabeçalho *Background* e, em 2004 introduziu um novo tipo de resumo estruturado, o resumo estruturado crítico. A preocupação com a precisão do resumo levou à introdução de mais

---

[200] Esta revista tem sido pioneira na adoção de um guião especializado para os autores. Veja-se o conjunto diversificado de instruções aos autores que são disponibilizados em www:<URL:http://www.acponline.org/journals/annals/authors/#formats>.

um subcabeçalho *Limitations*, imediatamente registado antes das conclusões, como pode observar-se no exemplo que se segue[201].

> **Background:** Obesity is a major, growing health problem. Observational studies suggest that bariatric surgery is more effective than nonsurgical therapy, but no randomized, controlled trials have confirmed this.
> **Objective:** To ascertain whether surgical therapy for obesity achieves better weight loss, health, and quality of life than nonsurgical therapy Design: Randomized, controlled trial. **Setting:** University departments of medicine and surgery and an affiliated private hospital. **Patients:** 80 adults with mild to moderate obesity (body mass index, 30 kg/m2 to 35 kg/m2) from the general community. **Interventions:** Patients were assigned to a program of very-low-calorie diets, pharmacotherapy, and lifestyle change for 24 months (nonsurgical group) or to placement of a laparoscopic adjustable gastric band (LAP-BAND System, INAMED Health, Santa Barbara, California) (surgical group). **Measurements:** Outcome measures were weight change, presence of the metabolic syndrome, and change in quality of life at 2 years. **Results:** At 2 years, the surgical group had greater weight loss, with a mean of 21.6% (95% CI, 19.3% to 23.9%) of initial weight lost and 87.2% (CI, 77.7% to 96.6%) of excess weight lost, while the nonsurgical group had a loss of 5.5% (CI, 3.2% to 7.9%) of initial weight and 21.8% (CI, 11.9% to 31.6%) of excess weight (P < 0.001). The metabolic syndrome was initially present in 15 (38%) patients in each group and was present in 8 (24%) nonsurgical patients and 1 (3%) surgical patient at the completion of the study (P < 0.002). Quality of life improved statistically significantly more in the surgical group (8 of 8 subscores of Short Form-36) than in the nonsurgical group (3 of 8 subscores). **Limitations:** The study included mildly and moderately obese participants, was not powered for comparison of adverse events, and examined outcomes only for 24 months.
> **Conclusions:** Surgical treatment using laparoscopic adjustable gastric banding was statistically significantly more effective than nonsurgical therapy in reducing weight, resolving the metabolic syndrome, and improving quality of life during a 24-month treatment program.

Figura 17: Resumo estruturado crítico[201]

A norma americana ANSI/NISO Z39.14-1997 preconiza sete subcabeçalhos para a estrutura de resumos desta natureza e respetivos conteúdos, como consta da figura seguinte.

---

[201] SIMÕES, Maria da Graça (et al.) – *O resumo como recurso privilegiado na divulgação da produção científica: origem e evolução do resumo estruturado*. 2013. P. 886. Disponível em www:<URL:http://www.youblisher.com/p/749221-I-Congresso--ISKO-Espanha-e-Portugal-XI-Congreso-ISKO-Espana/>.

> **1. OBJECTIVE:** To determine the correlation among obstacles to medical care, lack of a regular source of care, and delays in seeking care.
> **2. DESIGN:** Cross-sectional survey of patients pre-senting for ambulatory care during a 7-day period. Multiple logistic regression models were used to identify obstacles independently associated with outcome variables.
> **3. SETTING:** Urban public hospital.
> **4. PATIENTS:** A total of 3897 disadvantaged and predominantly minority patients.
> **5. MEASURES:** Lack of a regular source of medical care and delay in seeking medical care for a new problem.
> **6. RESULTS:** The majority (61.6%) of patients reported no regular source of care. Of 2341 patients reporting a new medical problem, 48.4% waited more than 2 days before seeking medical care. No health insurance (adjusted odds ratio [OR], 2.2; 95% confidence interval [CI], 1.89 to 2.61), no transportation (OR, 1.44; 95% CI, 1.23 to 1.70), exposure to violence (OR, 1.21; 95% CI, 1.08 to 1.45), and living in a supervised setting (OR, 1.50; 95% CI, 1 .OO to 2.25) were independent predictors of lack of a regular source of care. No insurance (OR, 1.24; 95% CI, 1.02 to 1.51), no transportation (OR, 1.45; 95% CI, 1.19 to 1.77), and less than a high school education (OR, 1.22; 95% CI, 1.08 to 1.49) were independent predictors of delaying care for a new medical problem.
> **7. CONCLUSIONS:** Obstacles in addition to lack of insurance impede provision of medical care to disadvantaged patients. The adoption of universal health care coverage alone will not guarantee access to appropriate medical care.

Figura 18: Resumo estruturado proposto pela norma ANSI/NISO Z39.14-1997[202]

Apesar de haver resumos de artigos científicos (revisão e originais) em texto livre conclui-se que em determinadas áreas do saber, como no caso das ciências biomédicas, os resumos estruturados apresentam mais vantagens do que os resumos de tipo não estruturado, ditos tradicionais. Conclui-se também que este tipo de resumos apresenta vários formatos, dependendo das solicitações das revistas nas quais são publicados. Dentro desta diversidade pode referir-se que a

---

[202] GUIMARÃES, C. A. – *Structured Abstracts: narrative review*. 2006. P. 266-267.
[203] ANSI Z39.14-1997: *Guidelines for abstracts*. 1997. P. 9.

estrutura mais utilizada é a de tipo IMRAD (Introdução, Metodologia, Resultados, Discussão)[204]. Outro ponto de síntese a salientar é o facto de este tipo de resumos se identificar muitas vezes com o resumo informativo, na medida em que um e outro apresentam tópicos estruturais comuns (OMRC), excetuando-se a circunstância de o resumo estruturado apresentar mais o item *background* que, como já foi referido, tem como função contextualizar o assunto descrevendo, nos casos em que se justifique, os seus antecedentes. Outra diferença entre estes dois tipos de resumos prende-se com o facto de o resumo estruturado apresentar os itens que compõem a sua estrutura bem evidenciados, recorrendo para tal a expedientes que lhes permitam salientá-los, como o tipo de letra ou uma cor diferente da que é usada no corpo do resumo. Tal como acontece com os demais, este tipo de resumo pode ser apresentado num ou em vários parágrafos.

**Resumo não estruturado**

Um resumo de tipo não estruturado, também designado por "resumo em texto livre", é aquele cujos elementos se apresentam de uma forma implícita, não evidenciados, como pode observar-se no exemplo que se segue:

---

[204] GUIMARÃES, C. A. – *Structured Abstracts: narrative review*. 2006. P. 266-267.

> Over a 6-month period 2025 patients admitted to New Mount Sinai Hospital, Toronto were screened for hepatitis B surface antigen (HBsAg) by counterimmunoelectrophoresis (CIEP) and radioimmunoassay (RIA). CIEP detected 12 HBsAg-positive patients and RIA 16. RIA is therefore the more sensitive test for
> HBsAg. Of the 16 patients 2 had liver disease previously diagnosed, 3 had malignant disease and 11 were asymptomatic carriers. Of the 11 carriers all were born in countries where the carrier rate is known to be high. Routine screening of hospital patients on admission is of no value in detecting unsuspected liver disease but is of value in detecting asymptomatic carriers, which is of importance for the patient and his family. Routine screening tests for HBsAg in Canadian hospitals that treat many patients born in countries with a known high HBsAg prevalence is recommended. Routine screening is also recommended in all hospitals in Mediterranean and Asian countries.

Figura 19: Resumo não estruturado[204]

Apesar de não apresentarem uma estrutura bem definida, integram os mesmos elementos que constituem os resumos estruturados: a justificação do trabalho, os objetivos principais, as abordagens metodológicas, as conclusões do estudo, as limitações do estudo e as propostas de melhoria. Poderão ainda referir as fontes. Este tipo de resumos apresenta-se sob dois modelos: o de tipo telegráfico e o de tipo discursivo, que se distinguem pelo estilo de redação e pela extensão.

Os resumos de tipo telegráfico, tal como o próprio nome induz, apresentam uma estrutura esquemática similar à dos telegramas. Foram produzidos pela primeira vez pela *American Society for Metals*, com o intuito de ultrapassarem os constrangimentos da linguagem natural e poderem ser utilizados nos computadores. A informação neles contida é registada de forma condensada e por vezes incompleta, o que leva Lancaster[206] a caracterizar este tipo de resumos

---

[205] *Ibidem*

[206] LANCASTER, Frederick W. – *Indexing and abstracting in theory and practice*. 1991. P. 96.

como uma cadeia de termos desprovidos de sintaxe. Embora sejam caracterizados por estas particularidades, estes resumos são fáceis e rápidos de elaborar e de ler, o que os torna atraentes para o utilizador e para os serviços de resumos.

Os resumos de tipo discursivo[207] são aqueles cuja informação é apresentada sob forma literária, registada em um ou mais parágrafos. São caracterizados por um estilo de linguagem fluida, resultado de um conjunto de marcadores discursivos que concorrem no plano concetual para um texto uno e coeso. Apesar de este tipo de resumos ser caracterizado por uma linguagem mais livre, a sua terminologia deverá ser análoga à do documento original. A não observância desta prática poderá redundar numa discrepância terminológica, que pode contribuir para ambiguidades e imprecisões semânticas por parte de quem o consulta o que, no limite, poderá concorrer para a perda e a não pertinência da informação. Dada esta circunstância, para que os resumos sejam um produto de alta qualidade é importante que todos os intervenientes (autores e editores) tenham um cuidado especial na sua elaboração, de forma a garantirem uma representação acurada e fidedigna do documento original.

No que se refere aos resumos em texto livre salienta-se o tipo que Lancaster preconizou: o *resumo modular*. Este resumo apresentaria uma descrição completa do documento original, constituída por cinco módulos: uma citação, uma notação, um resumo indicativo, um resumo informativo e um resumo crítico. Com este tipo de resumo[208] pretendia-se atingir uma economia de esforço intelectual, na elaboração de resumos que se baseassem no mesmo documento original, por diferentes serviços, na medida em que cada serviço poderia adaptar o tipo de resumo que mais conviesse à sua linha

---

[207] PINTO MOLINA, Maria – *El resumen documental: paradigmas, modelos y métodos*. 2001. P. 189.

[208] LANCASTER, Frederick W. – *Indexing and abstracting in theory and practice*. 1991. P. 92.

de orientação. Apresenta-se abaixo um exemplo de um resumo modular, tal como o sugeriu Lancaster.

**Citation**
Rosensweig, R. E., and Beecher, N. Theory for the ablation of fiberglas-reinforced phenolic resin. American Institute of Aeronautics and Astronautics Journal, vol. 1, Nº 8, August 1963, pp. 1082-1809.
**Annotation**
A theoretical model is developed, for a charring and melting composite material, combining glassy ablation and the char layer-molten glass chemical reaction effects.
Indicative
The variables associated with the ablation of a typical resin-glass system are examined. These include glass ablation and plastic pyrolysis, flow in both the reacting and non-reacting parts of the melt, mass loss and heat absorption due to chemical reaction, mass injection effects, and coupling between the external pressure and the assumed chemical reaction. The mathematical development is traced and the approximations utilized are discussed. Parametric examinations are made.
**Informative**
Pyrolysis, melting, and chemical reaction are taken into account in this theory of the ablation of phenolic-fiberglas. It postulates a very thin, isothermal, surface reaction zone, where the char layer (carbon) formed during the pyrolysis of the organic binder reacts chemically with the molten silica. Other assumptions are conventional.
Calculations for typical IRBM re-entry conditions showed little temperature drop in the reaction zone, 6% maximum and usually less than 1%. Depth of the zone was three orders of magnitude less than the thermal thickness. The unreacting run-off in the met zone ranged from 40-80% as a function of the possible reaction enthalpy level. However, more than 99% of the material reaching the reaction zone was affected. At the expected temperatures of 1400-2000 C., the theory assumed the reaction
$SiO_2 + 3C \longrightarrow SiC + 2CO$
Earlier experiments had yielded the reaction kinetics. Significant effects, up to 25% increase, on the ablation rate appeared only at the lower reaction rates. Changing the reaction enthalpy by a factor of three changed the ablation rate by less than 10%. When compared with a peak re-entry ablation rate, the value given by this theory was reported to be 38% in defect.
**Critical**
This theory extends the classic work of Bethe and Adams (Avco-Everett Research Lab., Res. Rep. 38, Nov. 1958) on ablation of pure glasses. Thus it treats the problem as concerning carbon-contaminated glass rather than, as is more usual, a char-layer. In the only comparison given between the theory and experimental data, revealing 38%, underprediction by the theory, a thorough error analysis was not included. Spalding (Aero. Quart., Aug. 1961, pp. 237-274) and Scala (General Electric Co. (MSVD). Rep. R59SD401, July, 1959; ARS Jnl., June, 1962, pp. 917-924) have treated similar problems.

Figura 20: Resumo modelar[208]

---

[209] *Ibidem.*

## 2.4. Estrutura

Para que o conteúdo de um resumo seja inteligível é necessário incorporá-lo num esquema, de forma a conferir-lhe uma estrutura constituída por secções que possibilitem a introdução dos elementos que identifiquem o documento original, a descrição do seu conteúdo e o registo de elementos que confiram credibilidade ao próprio resumo. Essa estrutura é constituída pela secção de referência, o corpo de resumo e a secção da assinatura, elementos que Borko[210] menciona de forma categórica. Ao fazê-lo, refere que estes elementos, na maioria dos casos, são registados por esta ordem, excetuando-se aqueles em que o corpo do resumo precede a secção de referência.

Apesar de os resumos apresentarem quase sempre esta estrutura tipo[211], o nível da descrição dos elementos varia de acordo com a tipologia dos documentos, como por exemplo: monografias e artigos.

De uma forma mais ou menos sistematizada, alguns teóricos, entre os quais salientam-se Lancaster[212], Donald Cleveland e Ana Cleveland, Rowley e Borko, apresentam uma estrutura similar para a sua formatação[213]. Esta informação encontra-se também, embora de forma dispersa, referida na ANSI/NISO Z39.14-1997[214].

---

[210] BORKO, Harold; BERNIER, Charles L. – *Abstracting concepts and methods*. 1975. P. 53.

[211] LANCASTER, Frederick W. – *Indexing and abstracting in theory and practice*. 1991. P. 100.

[212] Idem, p. 101.; CLEVELAND, Donald B.; CLEVELAND, Ana D. – *Introduction to indexing and abstracting*. 2001. P. 110-117; ROWLEY, Jennifer E. – *Abstracting and indexing*. 1982. P. 29; BORKO, Harold; BERNIER, Charles L. – *Abstracting concepts and methods*. 1975. P. 53-70.

[213] Secção de referência; Corpo de resumo e a secção da assinatura.

[214] ANSI/NISO Z39.14-1997, 5.

### 2.4.1. Secção de referência

Esta secção proporciona um conjunto de elementos formais e rigoroso que permitam ao utilizador identificar o documento original. Neste sentido, esta secção é o intermediário entre o resumo e o documento original. Dada a relevância deste elemento estruturante na identificação do original, recomenda-se que os elementos que a constituem sejam registados o mais uniformemente possível, para que atribuam consistência e unidade, de modo a permitir o seu reconhecimento universal. Para a concretização deste propósito, no registo dos elementos deverá ser considerado o uso de normas internacionais relativas à elaboração de referências bibliográficas. Salvaguardado este princípio, estará garantida a permuta da informação e o acesso à mesma em bases de dados ou outro tipo de suporte, sem constrangimentos concetuais. Assim, o utilizador poderá, de uma forma inequívoca, decidir sobre a eventual consulta do original. De um modo geral, os elementos a considerar são todos aqueles que a ISO 690(1987) ou outras normas de referências bibliográficas, reconhecidas internacionalmente pelos centros académicos e científicos, mencionam para a referência do documento em que se baseia o resumo, acrescidos de outros: o número de identificação do documento, a filiação do autor e a língua do documento original, se esta diferir da utilizada no resumo.

Pelas razões mencionadas, esta secção é obrigatória num resumo. Tal imposição é tanto mais premente quanto considerar os casos em que o resumo não vem junto do texto original. Quanto à sua localização, geralmente, esta secção é registada no cabeçalho do resumo. No que respeita à autoria, a referência pode ser elaborada pelo resumidor ou pelo serviço de resumos.

No que respeita aos elementos que constituem esta secção, existe uma coincidência entre diversos autores[215] quanto ao seu número e quanto à sua tipologia; o mesmo não é válido para a ordem do seu registo, em especial no que refere ao autor e ao título.

Apresentam-se e explicitam-se de seguida os elementos que geralmente fazem parte da secção de referência[216].

1. Número de identificação do documento
2. Autor
3. Título
4. Filiação do autor
5. Agência patrocinadora
6. Número de contrato
7. Fonte e data de publicação
8. Língua do documento original
9. Notas
10. Número de citações

**Número de identificação do documento**: Este número serve para identificar o resumo e o documento a que se refere. É um número de entrada, que é atribuído sequencialmente aos documentos de acordo com o seu processamento no sistema.

**Autor**: O autor é, a par do título, um dos elementos mais importantes da referência bibliográfica, na medida em que é o elemento que identifica de uma forma mais precisa o documento original.

---

[215] CLEVELAND, Donald B.; CLEVELAND, Ana D. – *Introduction to indexing and abstracting*. 2001. P. 110-117; ROWLEY, Jennifer E. – *Abstracting and indexing*. 1982. P. 29; BORKO, Harold; BERNIER, Charles L. – *Abstracting concepts and methods*. 1975. P. 53-70.

[216] Idem, p. 54; ROWLEY, Jennifer E. – *Abstracting and indexing*. 1982. P. 134; MAIZEL, Robert E.; SMITH, Julian F.; SINGER, T. E. R. – *Abstracting scientific and technical literature: an introductory guide*.1971. P. 40-45.

Dada esta circunstância, algumas revistas de resumos e bases de dados elegem-no como primeiro elemento a registar na secção de referência. Entre outras vantagens desta opção destaca-se o facto de um utilizador poder fazer uma apreciação geral do trabalho e conhecer toda a produção de um determinado autor, nessa revista de resumos ou base de dados.

**Título**: Se há bases de dados e revistas de resumos que dão preferência ao autor, como é o caso da *International Political Science Abstracts*, há outras que privilegiam o título, como a revista de resumos *Physics Abstracts*, ou a base de dados da *Medline*. Esta circunstância prende-se com a relevância conferida pelos utilizadores a este elemento da descrição, pois veem nele uma janela aberta para o conteúdo do documento original, como é o caso da literatura biomédica e técnica. Há revistas de resumos e bases de dados que o referem em primeiro lugar e o registam em letras capitais ou numa cor distinta dos outros elementos do resumo, para que possa distinguir-se de forma inequívoca e célere. Outros serviços e bases de dados como é o caso da ERIC[217] usam os dois expedientes. A importância do título na identificação do documento original leva a que muitas vezes ele seja registado na íntegra, isto é, considerando o complemento de título. Dada a sua relevância, é importante que seja claro e objetivo. Se tal circunstância não se verificar, dever-se-á proceder ao registo, entre parêntesis retos, de algumas palavras que ajudem a esclarecer o seu sentido.

**Filiação do autor**: Apesar de ser um elemento facultativo, recomenda-se o seu registo, na medida em que garante a autenticidade

---

[217] Disponível em www:<URL:http://eric.ed.gov/?q=b-learning&id=EJ911755>.

e a origem do documento. A sua função é informar quem consulta o resumo sobre o endereço profissional do autor. De um modo geral, este elemento deverá ser registado a seguir ao nome do autor. Esta informação, por vezes é apresentada entre parêntesis curvos, como acontece na *Physics Abstracts*.

**Agência patrocinadora**: É o organismo que fomenta, patrocina e supervisiona o projeto de investigação que serviu de base à elaboração do estudo a que diz respeito o resumo.

**Número de contrato**: Número que é atribuído a um resumo no caso de o estudo ser realizado no âmbito de um contrato ou patrocínio de uma entidade estatal ou privada.

**Fonte e data de publicação**: Estes elementos, a par do título e do autor, são os mais relevantes da secção de referência, por localizarem o documento original. Tal como inferimos da sua designação, este segmento da referência é composto pelo registo da fonte do documento original e da data da sua publicação. O número destes elementos e a sua disposição no resumo não são sempre os mesmos, variando de acordo com o tipo de documento a que se referem. Se o documento original for um artigo, o número de elementos a registar é superior, quando comparado com o número de um resumo de uma monografia. Como cada tipo de documento é regulado a nível de descrição por normas diferentes, é natural que a sua disposição seja distinta.

**Língua do documento original**: A menção da língua do documento é de extrema importância, na medida em que poderá evitar equívocos e perda de tempo na consulta do documento original. O facto de, na maioria dos casos, o resumo se encontrar redigido em inglês, não é condição para que a língua do documento original também seja essa. Assim, se a menção da língua do original constar no resumo, os interessados na leitura do documento, caso não dominem esse idioma, não perderão tempo a consultá-lo.

**Notas**: Tal como pode inferir-se da designação, este segmento compreende toda a informação adicional ao documento original que não seja suficientemente significativa para ser integrada no corpo do resumo; é o caso do preço ou algum apontamento relevante para o conteúdo. A disponibilidade e a modalidade de acesso ao documento original são, também elementos que podem ser incluídos nesta rubrica da secção de referência.

**Número de citações**: Refere-se ao número de citações bibliográficas utilizadas pelo(s) autor(es) na investigação.

## Secção de referência de acordo com os vários tipos de documentos

O número e a ordem do registo dos elementos na secção de referência variam conforme o tipo de documento e, naturalmente, com as normas que os regulam e com o serviço de resumos. É frequente assistir-se a uma certa diversidade no modo de registar os elementos na secção de referência, pois à multiplicidade do tipo de publicações acrescem as distintas normas utilizadas para o seu registo. O que se manifesta a este nível é também observável no que respeita ao número de elementos mencionados para esta secção e aqueles que são inscritos.

A título de exemplo, apresentam-se alguns casos que nos parecem os mais significativos: artigos de revistas, monografias (monografias no seu todo, partes de monografias) e patentes.

### a) Artigos de revistas

No que respeita a este tipo de literatura, a sua apresentação será efetuada em dois tempos. Num primeiro tempo (Fig. 21) os elementos encontram-se dispostos de acordo com a Norma ISO 690(2010); num segundo momento (Fig. 22) com a disposição preconizada pela maioria dos autores para a secção de referência de um resumo[218].

Segundo a Norma ISO 690(2010) a referência de um artigo deve contemplar os seguintes elementos: Autor e título, responsabilidade secundária (facultativo), nome da publicação na qual se encontra, data da publicação (mês e ano), volume, número (se existir) e páginas que ocupa na publicação, tal como pode observar-se na figura que se segue.

Esta apresentação nem sempre é contemplada quer pelo autor quer pelos serviços de resumos. Eles primam pela heterogeneidade, dado o facto de possuírem as suas próprias normas de referenciação. Estas normas apresentam entre si níveis de generalidade e de especificidade muito díspares, no que diz respeito ao número de elementos a registar.

> Eknoyan, G. Women: medicine, their kidneys, and nephrology. Advances in chronic kidney disease. 2013, 20(5), 382-369.

Figura 21: Referência de um artigo ISO 690 (2010)[219]

---

[218] Dado o facto de os resumos se encontrarem, cada vez mais, em bases de dados em que com maior frequência se encontram associados ao documento original, os exemplos que apresentamos são extraídos de algumas bases de dados. Para um maior entendimento da estrutura convertemos a sua configuração etiquetada no formato clássico.

[219] Disponível em www:<URL:http://apps.webofknowledge.com/full_record. do?product=UA&search_mode=GeneralSearch&qid=1&SID=Y1ZPnRGLaoUOBggRRB4&page=1&doc=8>.

No caso da referência de um resumo, ela é constituída pelos elementos que refere a Norma ISO 690(2010) e ainda por outros que permitem localizar o próprio resumo na respetiva revista ou numa base de dados, como é o caso do número do resumo e que facultam os elementos adicionais necessários para se aceder ao documento original de um modo célere e preciso, como é o caso do tipo do documento e da língua em que está escrito.

Segue-se um exemplo de uma secção de referência de um resumo relativo a um artigo, do qual constam os elementos mencionados.

(1) CCC:000324445200003.
(2) Women: Medicine, Their Kidneys, and Nephrology. (3) Eknoyan, G..
(4) (Baylor Coll. Med. Dept Med 523D, 1 Baylor Plaza, Houston, TX 77030 USA). (5) Advances in chronic kidney disease. (6) 20(5), (7) 382-369. (8) [English]. (9) 2013. (10) ISSN 1548-5595. (11) Document Type: Article. (12) Section cross-reference: 34.

Figura 22: Secção de referência de um artigo integrado numa Base de Dados[220]

Para um melhor entendimento, passa a descrever-se os elementos que constituem no seu todo a secção de referência de um resumo de um artigo:

1. Número do resumo
2. Título do artigo
3. Autor
4. Filiação do(s) autor(es)
5. Título do periódico
6. Volume e número
7. Páginas
8. Menção da língua

---

[220] *Ibidem.*

9. Data
10. ISSN
11. Tipo de documento
12. Número de referências usadas no artigo

**b) Resumos de monografias**

No que respeita a este tipo de obras, em geral não se elaboram resumos quando abordam um único tema cuja responsabilidade intelectual seja de um autor. As monografias que são objeto de resumo são geralmente aquelas cuja estrutura é composta por contribuições de vários autores nas quais o tema abordado é comum, podendo apresentar um nível concetual mais lato ou mais restrito, porém homogéneo. Este tipo de monografias na prática são uma coletânea de artigos, como é o caso das atas de congressos e dos relatórios científicos e técnicos. O facto de as contribuições serem independentes concorre geralmente para a necessidade de se elaborarem resumos para cada uma delas, em especial se as colaborações forem de autores relevantes na área abordada. Os resumos desta natureza são elaborados em todas as áreas do saber, como pode observar-se quando se efetua uma consulta às bases de dados.

Pela sua relevância na comunidade científica, há outro tipo de monografias, que são amiúde objeto de resumos; são aquelas que apresentam temas originais e/ou que apresentam uma revisão da literatura sobre temas inéditos[221]. Pertencem geralmente às ciências sociais.

Tal como aconteceu no caso dos artigos, passa a ilustrar-se uma secção de referência com os seus elementos, desta feita relativa

---

[221] MAIZEL, Robert E.; SMITH, Julian F.; SINGER, T. E. R. – *Abstracting scientific and technical literature: an introductory guide and text for scientists, abstractors, and management.* 1971. Pag. 37.

a uma contribuição numa monografia (Fig.23) e uma monografia propriamente dita (Fig. 24).

(1) 58.8006.
(2) KAMENCHUK, Olga. (3) (Moscow State University of International Relations). (4) Complexities of conflict prevention and resolution in the post-soviet space: EU-US Russian security dimensions. (5) In: European yearbook of minority issues. (6) Leiden, Boston. (7) Martinus Nijhoff Publishers. (8) 2005-2006. (9) Vol 5. (10) pp. 99-116.

Figura 23: Secção de referência de uma contribuição numa monografia[222]

1. Número do resumo na revista de resumos
2. Autor
3. (Filiação)
4. Título da contribuição na monografia
5. Título da monografia
6. Local de edição
7. Nome da editora
8. Data
9. Número que ocupa na série monográfica
10. Páginas que ocupa na monografia.

ISTA3701774
MCCRANK, Lawrence J. (Chicago State University). Historical Information Science: An Emerging Unidiscipline. Medford, N.J.: Information Today, 2001. ix, 1192 p. ISBN 1573870714.

Figura 24: Secção de referência de uma monografia[223]

---

[222] *INTERNATINAL POLITICAL SCIENCE ABSTRACTS: DOCUMENTATION POLITIQUE INTERNATIONALE*, 58:6. P. 797

[223] Disponível em www:<URL:http://search.ebscohost.com/login.aspx?direct=true&db=lxh&AN=ISTA3701774&site=ehost-live>.

### c) Patentes

A patente é um tipo de literatura científica e especializada que recorre a uma terminologia caracterizada por um elevado nível de tecnicidade. De acordo com a World Intellectual Property Organization[224], uma patente é um direito exclusivo concedido a uma invenção, produto ou processo. Acresce a esta definição o facto de todos eles poderem produzir-se e comercializar-se, havendo o compromisso de se proceder à sua divulgação pública. É um documento legal com a função de proteger o inventor, que assim vê acautelado o fabrico, a aplicação e a venda nacional ou internacional da sua criação.

A ordem dos elementos que compõem a secção de referência de uma patente deverá seguir o que vem estipulado na ISO 690(2010)[225], em 15.9. Segundo o referido ponto, a ordem dos elementos, com exceção da data, deverá ser a que é aplicada a uma contribuição dentro de uma série: nome do autor, título da invenção, nome do país de edição ou o seu código, tipo de patente, número e data de edição.

CARL ZEISS JENA, VEB. Anordnung zur lichtelektrischen Erfassung der Mitte eines Lichtfeldes. Switzerland, Patentschrift 608626. 1979-01-15.

Figura 25: Secção de referência de uma patente[226]

### 2.3.2. Corpo do resumo

Esta secção do resumo é constituída pela parte em que se encontram registados os elementos concetuais do documento original.

---

[224] WORLD INTELLECTUAL PROPERTY ORGANIZATION - What is a patent? Disponível em www:<URL:<http://www.wipo.int/patents/en/>.

[225] Disponível em www:<URL:http://www.medline.org.cn/attachment/201364/1370309271657.pdf >.

[226] *Ibidem.*

Nela são anotadas as partes significativas do documento original, (introdução, objetivos, metodologia, resultados e conclusões)[227]; em diversas situações é acrescentada a introdução, como é considerado por alguns teóricos e indicado por algumas normas de elaboração de resumos. Esta informação poderá ser apresentada num parágrafo ou em vários parágrafos; no caso de se optar pela segunda via, cada parágrafo deverá dizer respeito a um dos elementos estruturais (objetivos, metodologia... etc,). Estes elementos são as partes fundamentais do documento original, como já foi referido. De uma forma sucinta passam a apresentar-se e a definir-se esses elementos:

| Elementos | Descrição |
|---|---|
| Introdução | Compreende a contextualização do objeto do documento original. Nela privilegiam-se a natureza do problema e o seu âmbito. |
| Objetivos | Descreve os intentos que levaram o autor a escrever sobre um determinado assunto e os propósitos que pretendem atingir com o estudo. |
| Metodologia | Expõe os métodos, as técnicas e os instrumentos que foram utilizados para dar cumprimento aos objetivos considerados. Este segmento assume uma maior relevância quando no trabalho em questão se recorre a novos métodos e técnicas de abordar o problema, situação que é mais evidente no campo das Ciências experimentais. Recomenda-se uma descrição dos dados de modo exaustivo e consistente. |
| Resultados | Apresenta de uma forma clara e objetiva todos os elementos relevantes aos quais se chegou no estudo. Idealmente a exposição dos resultados deverá ser a mais exaustiva e descritiva possível. |
| Conclusão | É uma das partes fulcrais do trabalho. Expõe, de forma explícita, coerente, sintética e objetiva as respostas encontradas ao longo do estudo para os objetivos ou hipóteses formuladas no início do trabalho. Dela devem constar as recomendações e sugestões para futuros estudos e as limitações encontradas na elaboração deste, quando não foram registadas na metodologia ou, eventualmente, na introdução. |

Figura 26: Elementos que constituem o corpo do resumo

---

[227] Alguns resumos não consideram a introdução. Ver fig. 27.

Do corpo do resumo fazem ainda parte as palavras-chave, termos que representam os assuntos mais significativos do texto original, e cuja função é a de recuperar a informação contida no documento. Estes termos, habitualmente extraídos do resumo, são os mais expressivos a nível semântico.

> Este trabalho descreve o desenvolvimento de um modelo de apoio à decisão de roteamento numa indústria de produtos alimentícios. Esta sistemática utilizou o algoritmo SWEEP, obtendo economias significativas em relação à forma anterior de programação de roteiros. O modelo, por outro lado, auxiliou a desvincular as operações do canal de vendas e do canal de distribuição física. Montou-se também uma série de indicadores de produtividade para a entrega de produtos, permitindo melhor controlo gerencial desta atividade.
> Palavras-chave: Logística; Distribuição Física; Pesquisa Operacional; Roteirização.

Figura 27: Corpo de um resumo[228]

### 2.3.3. Secção da assinatura

Nesta rubrica é registada a assinatura do responsável pela elaboração do resumo. É o elemento que confere autenticidade ao resumo e pode ser completa ou abreviada. Dada a importância que assume, esta secção deverá ser sempre considerada na elaboração de um resumo; contudo o seu uso é cada vez menos frequente, devido a estes se encontrarem em bases e plataformas de dados. A relevância que este elemento assume num resumo faz com que a norma ANSI/NISO Z39.14-1997 o referencie 4.3[229].

---

[228] Disponível em www:<URL:http://www.scielo.br/scielo.php?script=sci_abstract&pid=S0103-65131993000100005&lng=pt&nrm=iso&tlng=pt>.

[229] ANSI/NISO Z39.14-1997, 4.3.

Para concluir este ponto apresenta-se um resumo completo. Foi extraído da base de dados Scielo, apresenta a secção de referência e corpo do resumo, mas não a assinatura do resumidor.

> FROTA, Maria Guiomar da Cunha. A delimitação das unidades de análise em ciência da informação. Ci. Inf. [online]. 1998, vol.27, n.3, pp. 00-00. ISSN 0100-1965. http://dx.doi.org/10.1590/S0100-19651998000300003.
> Neste artigo, são discutidas as possibilidades de delimitação das unidades de análise na ciência da informação, a partir da utilização de categorias teórico-metodológicas provenientes das ciências sociais. Na primeira parte do artigo, são apresentadas estas categorias, na forma de dicotomias: individualismo versus coletivismo metodológico e ação versus estrutura. Na segunda parte, procura-se responder principalmente à seguinte questão: estas dicotomias podem nortear a delimitação e a investigação das unidades de análise em ciência da informação? Para responder a esta questão, analisam-se dissertações de mestrado no campo da ciência da informação.
> Palavras-chave: Unidades de análise; Ciência da informação; Coletivismo e Individualismo metodológico.

Figura 28: Resumo completo extraído de uma base de dados[230]

## 2.3.4. Localização do resumo

Segundo a ANSI/NISO Z39.14-1997[231] a localização do resumo depende do modo e da fonte em que é publicado. Assim, numa revista aconselha-se que ele seja registado na primeira página de cada artigo, entre o título e o início do texto. Se for um documento publicado separadamente o resumo deverá ser registado entre a página de título e o texto. Quando um resumo se refere a um capítulo, recomenda-se que este seja registado sob o título do mesmo na primeira página do texto.

---

[230] Disponível em www:<URL:http://www.scielo.br/scielo.php?script=sci_abstract&pid=S0100-19651998000300003&lng=pt&nrm=iso&tlng=pt>.

[231] ANSI/NISO Z39.14-1997, 4. 2.

Sempre que um resumo é apresentado separadamente do documento a que se refere deverá ser acompanhado pela referência bibliográfica completa que o remete para o original, para que seja rapidamente identificado.

Nos formatos eletrónicos o resumo deve ser um campo pesquisável, e acompanhado pelos seguintes elementos: a) descrição bibliográfica do documento original; b) autor ou fonte do resumo e opcionalmente, c) língua do resumo.

# CAPÍTULO III

## RESUMIR: TRAJETÓRIA DE UM PROCESSO

# PROCESSO DE RESUMIR

## 3.1. Resumir: considerações gerais

Neste ponto pretende apresentar-se e analisar-se a operação de resumir, processo na base do resumo. Nele serão abordados os seguintes aspetos: a definição, o objeto, os princípios a considerar na sua elaboração, as fases e a metodologia inerente a esta operação, assim como algumas recomendações de natureza prática que podem ajudar na sua redação.

### 3.1.1. Definição

Ao analisar-se a evolução etimológica da palavra *resumo*, no primeiro ponto deste trabalho, observa-se que o termo *resumir*, teve uma origem mais precoce relativamente à origem do referido conceito. Todavia, quando se menciona qualquer um dos conceitos considerados, intui-se de uma forma automática o outro. Tal situação ocorre pelo facto de os dois termos se encontrarem semanticamente relacionados, sendo o *resumo* produto e *resumir* o processo que está na sua origem. Por isso são dois conceitos indissociáveis. Segundo o *Dicionário da língua portuguesa contemporânea*[232]

---

[232] ACADEMIA DAS CIÊNCIAS DE LISBOA – *Dicionário da língua portuguesa contemporânea*. 2001. P. 3230-3231.

entende-se por resumir o *ato de reproduzir de forma breve o que foi dito ou escrito, ou ser-se sucinto no que se enuncia*. O referido dicionário apresenta ainda como sinónimos os termos: abreviar, encurtar e sintetizar.

Na aceção documental, antes de mais, interessa salientar que, como referem Donald Cleveland e Ana Cleveland[233], o processo de resumir, tal como o processo de sumariar, remontam às civilizações antigas, pois, como foi referido, estes povos já praticavam estas técnicas sobre os conteúdos dos papiros.

Para um maior entendimento deste processo passa a registar-se um conjunto de definições que são apresentadas por alguns teóricos que se debruçam sobre este tema. Segundo Rowley[234], o ato de resumir é um processo de abstração, sustentado num conjunto de princípios e métodos. Chaumier[235], de uma forma "implícita", designa--o como a metodologia da condensação, ao mesmo tempo que o considera um exercício intelectual. Refere ainda que, dada a parca literatura que orienta esta prática, ela depende essencialmente das competências de cada pessoa que a faz. Contudo, convém salientar que, para este autor, este processo é sobretudo uma metodologia.

Van Dijk e Van Slipe[236], ao referirem as operações levadas a cabo na área documental, mencionam que o processo de "condensar" se caracteriza pela redução do conteúdo dos documentos, cujo produto se manifesta numa tipologia de resumos. Nesta breve descrição do processo de resumir encontra-se implícito também um conjunto de procedimentos que devem ser considerados para a sua elaboração.

---

[233] CLEVELAND, Donald B.; CLEVELAND, Ana D. – *Introduction to indexing and abstracting*. 2001. P. 108.

[234] ROWLEY, Jennifer E. – *Abstracting and indexing*. 1982. P. 19.

[235] CHAUMIER, Jacques – *Análisis y lenguajes documentales: el tratamiento lingüístico de la información documental*. 1986. P. 24.

[236] DIJK, Marcel Van; SLIPE, Georges Van – *Le service de documentation face à l'explosion de l'information*, 1969. P. 22.

Daí poder inferir-se que esta operação, tal como refere Chaumier, se caracteriza também por assentar numa metodologia. Outro autor que menciona esta operação é Fondin[237], quando apresenta os cinco modos da descrição do conteúdo de um documento, e refere a redução ou condensação de um documento. De uma forma explícita, Fondin caracteriza o processo de *reduzir* (resumir) como um método, tal como pode observar-se na seguinte expressão: *L'intérêt fondamental de cette méthode est de combiner les éléments de conservation de l'information (la phrase)*[238].

Conclui-se este ponto relativo à definição do termo resumir, referindo tratar-se de um processo extremamente complexo, que exige do resumidor um conjunto diversificado de competências, como a de ler, a de pensar, a de escrever e a de corrigir, tal como refere Cremmins na obra *The art of abstracting*[239]. Esta *ideia* encontra-se também expressa de uma forma implícita nas Normas de elaboração de resumos[240]. A análise pormenorizada destas duas Normas e a revisão bibliográfica efetuada levam a concluir que o processo de resumir é uma tarefa complexa que exige do resumidor um conjunto de aptidões técnicas e mentais e até, em determinados casos, alguma "perícia intelectual"; tais exigências concorrem para que esta operação extravase o próprio domínio operativo – atividade -, caracterizado pelo emprego de uma determinada metodologia, e seja considerada uma arte, como refere Cremmins, na obra à qual

---

[237] FONDIN, Hubert – La structure et le vocabulaire de l'analyse documentaire: contribution pour une mise au point. *Documentaliste: Sciences de l'Information*. 1977. P. 12-13.

[238] *Ibidem*.

[239] CREMMINS, Edward T. – *The art of abstracting*. 1982. P. 3, 12-13.

[240] Normas: ISO 214-1976 e ANSI Z39.14-1997. Estas Normas apresentam os vários tipos de documentos sobre os quais incide esta operação; os tipos de resumos e as suas características; a estrutura, elemento que constitui o seu diferencial; a terminologia e o estilo que deve usar-se na sua redação e os procedimentos (metodologia) inerentes à sua elaboração.

deu o título sugestivo de *The art of abstracting*[241]. Esta posição é também assumida por Maizell, quando se questiona se resumir é uma arte ou uma profissão[242].

Com base nas definições apresentadas pode afirmar-se que este conceito se traduz num processo vincadamente metodológico, que se caracteriza essencialmente por dois aspectos que, na prática, são complementares: a análise e a síntese. A análise situa-se na primeira e a síntese especialmente na segunda fase, aspectos que irão ser desenvolvidos no ponto relativo às fases e metodologias do processo de resumir. De notar que este processo incide, de um modo geral, sobre os documentos primários[243], e tem como propósito representar, de forma condensada e breve, a informação contida nos referidos documentos produzindo documentos secundários, os resumos.

### 3.1.2. Objeto – Documento

O objeto sobre o qual a operação de resumir se debruça é o documento. Pelo facto de ser a sua principal condicionante apresenta-se uma breve conceptualização do mesmo, na qual serão abordadas a definição e a tipologia.

A noção de documento caracteriza-se por possuir um significado amplo e complexo e, por isso, difícil de definir e delimitar no que se refere ao campo semântico. Entre a tipologia de documentos susceptíveis de servirem de base a um resumo dá-se especial relevância àqueles que contêm informação original.

---

[241] CREMMINS, Edward T. – *The art of abstracting*. 1982.

[242] MAIZEL, Robert E.; SMITH, Julian F.; SINGER, T. E. R. – *Abstracting scientific and technical literature: an introductory guide* 1971. P. 5.

[243] Esta nomenclatura: documentos primários e documentos originais, é usada ao longo do texto, para designar os documentos que se encontram na origem dos resumos.

No contexto documental, ao longo da história, muitas foram as definições, as aceções e as características atribuídas a um documento que foram sendo alteradas de acordo com os novos paradigmas culturais e científicos emergentes. Isto levou a que o seu significado se fosse alargando ou restringindo. Apesar desta situação de permanente mutabilidade, há características intrínsecas aos documentos que se mantêm constantes ao longo do tempo: o suporte e a informação. Estes dois elementos são indissociáveis. Considerando este contexto, e partindo de uma perspetiva redutora, pode inferir-se que um documento é todo o objeto (suporte) que contém informação. Ao entender-se o conceito de documento nesta aceção corre-se o risco de excluir todos aqueles cujo suporte não é considerado perene[244]. Esta situação concorre para duas questões objetivas: por um lado, o suporte pode ser efémero quanto à origem ou durabilidade, por outro, em determinados casos, ele poderá condicionar o acesso à informação nele contida. A primeira situação, refere-se à informação que é transmitida através de canais de comunicação orais, tal como o telefone ou a rádio. A segunda refere-se aos casos em que, para aceder à informação, são necessários meios técnicos, como acontece com os documentos em suporte eletrónico.

Ao longo de séculos o documento impresso em suporte papel dominou o mundo da informação[245], situação que se foi alterando a partir da segunda metade do século XX, altura em este tipo de suporte foi cedendo lugar ao suporte digital. Esta mudança trouxe consigo transformações no documento, especialmente no que respeita à capacidade de armazenamento da informação e à sua divulgação, como é o caso dos suportes eletrónicos. Acerca da estreita relação

---

[244] NASCIMENTO, Lucia Maria Barbosa do; GUIMARÃES, José Augusto Chaves – Documento jurídico digital: a ótica da diplomática. In: *Informação Jurídica: teoria e prática*. 2004. P. 35.

[245] Esta aceção de documento, que privilegia a escrita e o suporte é também defendida por Ranganathan.

que se observa entre a noção de documento e a informação, Nuria Amat[246] refere que estes dois conceitos são inseparáveis, na medida em que para ela um documento é todo o suporte que fornece informação pertinente ao conhecimento, algo que contribui para o desenvolvimento de uma investigação ou de um estudo, independentemente da sua natureza, sendo neste sentido que um documento se assume como um meio que veicula conhecimento. Nesta função, o documento tem dois propósitos: por um lado veicula informação para a construção de um novo conhecimento, por outro, quando considerado em si próprio, é um elemento referencial para perpetuar a memória, na medida em que faz prova da realidade. A ampla diversidade semântica que caracteriza a noção de documento manifesta, por si só, a complexidade concetual do mesmo. Neste sentido, López Yepes[247] perspetiva-o em várias aceções, dependendo da sua finalidade; são as seguintes: instrumento de cultura, instrumento de conhecimento ou fixação da realidade, mensagem no processo de informação documental e fonte do conhecimento científico.

Na aceção tradicional e clássica a noção de documento encontra-se associada ao conceito de algo que tem um suporte concreto, manuseável, que pode ler-se e preservar-se, significado que perdurou ao longo dos tempos. A partir dos meados do século XX, com a introdução e proliferação de diversos materiais (vídeos, fotografias, outros materiais gráficos e sonoros e, mais tarde, digitais[248]) esta noção tornou-se mais abrangente e complexa,

---

[246] AMAT NOGUERA, Nuria – *La documentación y sus tecnologías*. 1994. P. 33. GOONATILAKE, Susantha – *The evolution of information: lineages in gene, culture and artefact*. 1991.

[247] LÓPEZ YEPES, José – *Reflexiones sobre el concepto de documento ante la revolución de la información: ¿un nuevo profesional del documento?* 1997. P. 13.

[248] BUCKLAND, Michael K - What Is a "Document"? Journal of the American society for information science. Disponível em www:<URL:http://ehis.ebscohost.com/ehost/pdfviewer/pdfviewer?sid=b629f75d-b659-495f-b29b-fd6e71a809fd%40sessionmgr113&vid=2&hid=120>.

entendendo-se por documento, *todo e qualquer tipo de material suscetível de veicular conhecimento*[249].

Um dos primeiros autores a debruçar-se sobre a concetualização desta noção foi Paul Otlet. No *Tratado de documentação*, no capítulo relativo ao livro e ao documento, Otlet[250], define um documento como uma entidade material na qual se encontram representados signos que expressam determinados dados intelectuais. Nesta aceção integradora, este autor refere o aspeto formal do documento, o suporte, ao entendê-lo como uma entidade material ao mesmo tempo que refere o seu aspeto intelectual, o conteúdo.

Para Paul Otlet, um documento não se restringe apenas a uma manifestação escrita, abrange também todos os objetos que expressem e facultem informação sobre qualquer atividade humana, alargando o conceito de documento à escultura e a outros objetos de arte, vestígios arqueológicos, etc. A mesma linha de pensamento apresenta Suzanne Briet. Esta autora, partindo da noção de documento da União Francesa dos Organismos de Documentação[251], define-o como: [...] t*odo indicio concreto o simbólico, conservado o registrado, a fin de representar, reconstituir o probar un fenómeno físico o intelectual*[252]. Concetualmente esta definição também se contextualiza numa linha que se pode considerar clássica encetada por Otlet, que apresenta o documento como uma simbiose entre o suporte e a informação cujo objetivo é informar. Com base

---

[249] VALLE GASTAMINZA, Félix del – Documento. Concepto y tipología. Disponível em www:<URL:http://www.ucm.es/info/multidoc/prof/fvalle/tema3.htm>.

[250] OTLET, Paul – *Traité de documentation: le libre sur le libre: théorie et pratique*. P. 43-44.

[251] A União Francesa dos Organismos de Documentação define documento como: "toda a base de conocimiento fijada materialmente y susceptível de ser utilizada para consulta, estúdio o prueba". Apud BRIETE, Suzanne – *Que es la documentación?* 1960. P. 11.

[252] *Ibidem*.

nesta aceção pode concluir-se que qualquer documento vale pela informação expressa no seu suporte.

A partir dos meados do século XX, com as profundas alterações observadas nos suportes da informação, introduzidas pelas novas tecnologias da informação e das telecomunicações (TIC), das quais se destacam os suportes digitais que trouxeram consigo, entre outras questões, as relacionadas com a perenidade dos mesmos, a informação considerada em si mesma assumiu um interesse primordial, facto que concorreu para uma nova reflexão sobre o conceito de documento. O documento passa a ser entendido essencialmente na sua natureza intelectual e abstrata. Passa a ser valorizado pela mensagem que expressa, independentemente da sua natureza tipológica: científica, administrativa, jurídica ou outra tipologia da informação que represente o pensamento ou qualquer outra expressão da atividade humana. Neste sentido, um documento é tão mais importante quanto maior for o seu valor informativo para quem o consulta, caracterizando-se nesta perspetiva como algo altamente subjetivo, sendo o seu interesse variável e determinado de acordo com a necessidade de informação de quem o consulta.

Pelo exposto, e apesar das normas existentes sobre documentação se basearem no suporte e na tipologia de informação para distinguirem os vários tipos de documentos, o seu denominador comum reside no facto de todos os documentos expressarem uma mensagem, independentemente de ser escrita, icónica, oral, gráfica, etc., e potencialmente assimilável por um recetor. Daí poder inferir-se que qualquer documento tem uma função informativa[253]. Apesar de se entender que a razão de ser de um documento se prende com a informação (elemento intelectual)

---

[253] MARTÍNEZ CORNECHE, J. A. – *El documento*. In *Manual de Ciencias de la documentación*. 2002. P. 33-37..

não podem deixar de considerar-se e subestimar-se outros elementos que o moldam, e, que, em última análise, formalizam a informação, tais como: os elementos materiais (o suporte, ex.: impresso, digital, etc.), elementos gráficos (o modo como a informação se expressa, ex.: letras, números, etc.), elementos linguísticos (a linguagem em que se transmite a mensagem, ex.: escrita, audiovisuais, *software*, etc.)[254], na medida em que é o conjunto destes elementos que sustenta a mensagem, sendo por isso, o garante da conservação, da difusão e da reprodução da mesma. Em conclusão, e analisando a noção de documento sob uma perspetiva documental, concetualmente alargada e simultaneamente redutora, infere-se que o documento [...] *es todo objeto que ofrece información*[255].

Esta simbiose entre elementos formais e intelectuais converge para uma dualidade funcional[256] que se expressa, por um lado, nos elementos físicos que permitem transmitir a informação e perpetuar um património intelectual, por outro, nos elementos intelectuais (informação), que permitem produzir novo conhecimento, quando são assimilados e processados mentalmente. Apesar da reconhecida importância que se atribui à função de preservar, não pode deixar de considerar-se o segundo elemento como o primordial, na medida em que constitui a sua razão de ser, o seu fim – *Informar*, tal como afirma Martínez Comecha: "[...] *mensaje o mensajes, cada uno de ellos incorporado permanente a un soporte... empleado con una finalidad informativa*"[257].

---

[254] VALLE GASTAMINZA, Félix del – *Documento: concepto y tipología*. Disponível em www:<URL:http://www.ucm.es/info/multidoc/prof/fvalle/tema3.htm>.

[255] *Ibidem*.

[256] Sobre a funcionalidade de um documento, Pinto Molina apresenta uma terceira: Comunicar. PINTO MOLINA, Maria – *El resumen documental: paradigmas, modelos y métodos*. 2001. P. 31.

[257] MARTÍNEZ CORNECHE, J. A.– *El documento*. In Manual de Ciencias de la documentación. 2002. P.33-37.

**3.1.3. Classificação dos documentos**

Pelo exposto no ponto anterior observa-se que o conceito de documento é extremamente complexo e, em determinados casos, ambíguo. Com o intuito de clarificar e sistematizar ideias apresenta-se neste ponto uma breve sistematização da tipologia dos documentos[258]. Estabelecer uma tipologia é uma tarefa que se reveste de alguma complexidade dada a sua natureza problemática como pode observar-se no ponto anterior.

Subjacente a qualquer tipo de classificação, encontram-se geralmente critérios de afinidade e de exclusão, que permitem agrupar os elementos em classes homogéneas, na maioria dos casos segundo a atribuição de características a um objeto e através de um raciocínio lógico dedutivo. Idealmente, a aplicação destes critérios deve convergir no sentido de que, uma vez um objeto classificado numa determinada classe, não possa ser classificado noutra, cumprindo-se o princípio da exclusão, princípio que na sua origem se baseia numa sucessão de dicotomias. Contudo, tal situação raramente se observa, dado o facto de um objeto apresentar uma multiplicidade de características e, por tal circunstância, pode ser classificado sob distintas dimensões, de acordo com as mesmas. Assim, quanto maior for a complexidade e pluralidade semântica de um objeto, maior será o leque de opções classificatórias. A situação mais recorrente é o caso de um objeto poder ser considerado, no que respeita às suas propriedades físicas e às suas propriedades intelectuais[259], situação que também se verifica no caso dos documentos pois, como foi observado, um documento é constituído por características formais (físicas) e de conteúdo (intelectuais) circunstância que, por si só,

---

[258] GUINCHAT, Claire; MENOU, Michel – *Introduction générale aux sciences et techniques de l'information et de la documentation*. 1990. P. 39-62.

[259] SIMÕES, Maria da Graça – *Classificações bibliográficas: percurso de uma teoria*. 2011. P. 73- 83.

é já uma classificação. Com base nesta classificação apresenta-se a seguinte tipologia:

1. Características formais de um documento: de acordo com estas características e considerando como referenciais classificatórios o suporte e o meio através do qual se expressa a informação, apresenta-se a seguinte tipologia:

a) Suporte
Relativamente a esta tipologia, importa referir que ela é extensa e heterogénea. Tem a ver com o material sobre o qual se apresenta a informação. O suporte pode ser: impresso (papel); magnético (vídeo); ótico (CD), eletrónico, etc., dependendo do tipo de material que sustente a informação.

b) Meio através do qual se manifesta a informação
Este item refere-se ao tipo de manifestação que serve para formalizar a mensagem de um documento. Nesta tipologia os mais comuns são os documentos textuais, os icónicos, os sonoros, os multimédia, os digitais e outros, como os audiovisuais.

2. Características do conteúdo de um documento: no que se refere a estas características e partindo dos seguintes critérios: as matérias que abordam, o rigor científico que as matérias apresentam e o nível de informação que apresentam, os documentos podem sistematizar-se do seguinte modo:

a) Matéria que abordam
Este ponto tem a ver com a natureza dos temas que apresentam isto é, com as áreas do saber que neles são abordadas, como por exemplo: história, direito, física, química, etc. Partindo deste critério, os documentos podem agrupar-se por áreas disciplinares.

b) Rigor científico que as matérias apresentam

O nível de rigor científico com o qual as matérias são analisadas é também um critério possível para a classificação dos documentos. Entre outros grupos destacam-se os documentos de natureza científica, os de divulgação, os de lazer e os infantis.

c) Nível de informação que apresentam

O nível de informação que os documentos apresentam encontra-se relacionado com a originalidade da informação que expressam. Segundo este critério, podem ser categorizados nos seguintes grupos: documentos primários, documentos secundários e documentos terciários.

Dado o interesse que esta tipologia assume no presente estudo, passa a apresentar-se uma breve descrição de cada categoria.

**Documentos primários** – São documentos que se caracterizam por apresentarem um tema original, uma matéria inédita, que nunca foi tratada ou reelaborada. Geralmente resultam de uma investigação científica ou de uma revisão bibliográfica e transmitem novos conhecimentos. Dentro desta categoria há a salientar dois tipos de documentos: o livro e a revista científica[260].

---

[260] Desde o aparecimento do livro até ao século XX que este documento foi considerado o mais relevante, sobretudo no que se refere às áreas das humanidades. Todavia, a partir deste século, com o crescimento exponencial das revistas científicas especializadas, por todo o mundo e em todas as áreas do conhecimento, ele veio a perder posição, em especial na área científica. Para esta situação concorreram entre outras características, o nível de generalidade que as matérias apresentavam e a rápida desatualização das mesmas, relativamente a um artigo. O enorme desenvolvimento das ciências puras e aplicadas e a consequente necessidade da publicitação dos novos conhecimentos científicos, que exigiam um tipo de divulgação mais célere do que o livro permitia, é outro aspeto a considerar para se compreender esta situação. O mesmo acontece com o processo de edição incomensuravelmente mais lento quando comparado com o tempo exigido por uma publicação em série. Foi, contudo, ao longo da segunda metade do século XX e na primeira década do século XXI que as revistas científicas mais se disseminaram. Para tal contribuíram as novas tecnologias, canais privilegiados de divulgação deste tipo de documento. Dada a procura considerável, sobretudo

Ainda no que respeita à tipologia destes documentos pela sua relevância científica e características, referem-se como fontes primárias de informação as patentes, as normas, os relatórios científicos e técnicos, as teses e as atas de congressos. Dado o seu interesse, apresenta-se uma breve descrição de cada um dos tipos mencionados.

Patentes[261] – Este tipo de documento insere-se na informação cientifico-técnica e caracteriza-se por garantir ao criador ou criadores de um invento o direito exclusivo de o desenvolverem ou de alienar esse direito a outro. Este documento, dada a sua natureza, apresenta uma terminologia técnica, circunstância que concorre para que nele seja elaborado um resumo, por forma a tornar o seu conteúdo inteligível a um público mais alargado.

Normas – São documentos geralmente publicados por organismos oficiais ou não oficiais. Têm como objetivo a harmonização de critérios, práticas e outros elementos, em qualquer área particular da sociedade, da tecnologia, da economia, da educação, etc. Com este propósito, pretendem contribuir para a eficiência dos resultados. Geralmente desenvolvem uma especificação que é aprovada por consenso. As normas são desenvolvidas para serem usadas como orientações, de forma voluntária, não impondo, portanto, nenhuma regulamentação. Tal como se observa nas patentes, também este tipo de documentos apresenta uma terminologia

---

por um público altamente especializado, a revista científica foi modelando a estrutura aos conteúdos, com o fim de responder às necessidades dos utilizadores potenciais e efetivos. Nesta tentativa de adaptação, muitas vezes recorre a normas nacionais e internacionais, que estipulam orientações metodológicas, quer no que diz respeito à harmonização dos conteúdos, quer à harmonização da estrutura. PINTO MOLINA, Maria – *El resumen documental: paradigmas, modelos y métodos*. 2001. P. 35.

[261] Completar esta definição com a apresentada no ponto relativo à Secção de referência, de acordo com os vários tipos de documentos.

técnica considerável, o que leva à existência de um resumo, para maior compreensão do seu conteúdo.

Relatórios científicos e técnicos – Tal como o próprio nome indica, são documentos que se encontram relacionados com a área científica e técnica. Como acontece com as normas, são publicados por instituições oficiais, não oficiais, nacionais e internacionais. São considerados grandes veículos de disseminação do conhecimento científico-técnico, pois a informação que transmitem é altamente atualizada e especializada, sobretudo no que se refere às áreas deste tipo de conhecimento. Para um melhor entendimento do seu conteúdo este tipo de documento é acompanhado normalmente por um resumo.

Teses – São documentos considerados por excelência veículos portadores de informação original, sendo esta a sua principal característica. São produzidos quase sempre no campo científico e académico, encontrando-se os seus autores ligados, na maioria dos casos, a uma instituição de ensino superior e investigação, pública ou privada. Como trabalhos de investigação científica por excelência, apresentam o conhecimento de uma determinada área sob uma forma rigorosa e exaustiva. Neste tipo de documentos são muito valorizadas as fontes bibliográficas que sustentam o estudo efetuado, sendo estes elementos o garante da sua cientificidade. Dada a sua complexidade temática e extensão, estes estudos integram sempre um resumo, que é parte obrigatória da sua estrutura. Pelo interesse que assumem no desenvolvimento e produção de novos conhecimentos e porque, muitas vezes, uma parte substancial deles não é publicada pelos canais convencionais, editoras comerciais e/ou universitárias, o resumo sempre foi o recurso para a divulgação dos seus conteúdos[262].

---

[262] Atualmente a sua divulgação é feita, na maioria dos casos, através dos repositórios científicos das instituições a que estão adstritos.

Foi com base neste contexto que a *University Microfilms International* criou um repertório de resumos internacionalmente conhecido, o *Dissertation Abstracts International*, apresentado primeiro em microfilme e depois em suporte eletrónico.

Atas de congressos – São uma compilação de trabalhos técnicos e/ou científicos apresentados em reuniões desta natureza. Na maioria dos casos são os únicos meios de se localizar e ter acesso aos textos científicos apresentados nessas reuniões. Estes trabalhos são também acompanhados de um resumo, em muitos casos elaborado antes de os textos que acompanham serem apresentados nessas reuniões científicas e/ou técnicas.

Como pode observar-se este tipo de documentos é privilegiado para a elaboração dos resumos.

**Documentos secundários** – São documentos que se caracterizam por apresentarem informação que se baseia em documentos primários. A informação que apresentam resulta do processo de análise documental (descrição bibliográfica e descrição analítica) sobre os documentos originais. O seu principal objetivo é referenciar os documentos primários, com o fim de dar a conhecer aos utilizadores, de forma condensada, o que se produz nos seus campos de interesse. Entre eles salientam-se os resumos e respetivas revistas de resumos, os catálogos, os índices, as bibliografias e as bases de dados que são constituídas por informação de tipo referência.

Passa de seguida a caracterizar-se, de forma sumária, cada um destes tipos de documentos:

Resumos – São documentos que apresentam a informação sob uma forma breve e condensada, com o objetivo de alertar os potenciais interessados de um modo célere e atualizado.

Catálogos – São instrumentos de referência que facultam aos utilizadores, tal como os outros documentos secundários, informação sobre o acervo bibliográfico e documental de um serviço de informação, biblioteca, arquivo, centro de documentação, etc. Podem ser impressos ou informatizados, individuais ou coletivos.

Índices – São documentos elaborados a partir dos próprios documentos originais. Contudo, quando se trata de boletins de índices, produzem-se a partir das referências deste tipo de documentos sendo, neste caso, considerados por alguns autores como documentos terciários. A sua principal característica reside no facto de serem listas exaustivas de informação. A circunstância de a informação ser registada sob diversos critérios concorre para a existência de vários tipos de índices, entre os quais se salientam os onomásticos, os topográficos e os de assunto.

Bibliografias – São documentos que, de modo geral, se associam a um elenco de documentos primários, que se encontram ordenados segundo um critério preestabelecido. Em algumas situações também podem ser considerados como documentos terciários, situação que ocorre quando a bibliografia não se sustenta de referências bibliográficas emigradas de documentos originais, mas de secundários, como é o caso da informação contida num catálogo. Nos meios académicos é muito usual entender-se por bibliografia o conjunto de obras que foram utilizadas na elaboração de um trabalho, com o objetivo de fundamentar as ideias nele expressas. Neste sentido usa-se o termo como sinónimo de referências bibliográficas.

Bases de dados de referência bibliográfica – São geralmente criadas a partir das referências dos documentos primários e podem ser consultadas em CD e/ou em suporte eletrónico.

Documentos terciários – Estes documentos são os mais difíceis de classificar porque por vezes, são também considerados documentos secundários. Assim e, de uma forma muito genérica, podem entender-se como documentos terciários aqueles que não se debruçam sobre documentos originais, em que a informação que veiculam não é inédita mas proveniente de outros. A informação contida nestes documentos foi sujeita a processos analíticos mais profundos do que a aplicada aos documentos secundários. Entre outros salientam-se: os índices, os guias, os inventários, os dicionários e, em determinados casos, os catálogos e as bibliografias, nas situações em que a informação é extraída de documentos secundários. Em determinadas situações apresentam uma densidade informativa elevada, quando comparados com os documentos secundários.

Após esta apresentação pode afirmar-se que os resumos são, salvo raríssimas exceções, elaborados a partir dos documentos primários.

## 3.2. Fases da elaboração de um resumo documental

Dada a complexidade desta operação, por um lado devido ao facto de articular para a sua realização um conjunto de processos de várias naturezas, entre os quais se salientam os cognitivos e os linguísticos e, por outro, pelo facto de assentar num conjunto de variáveis heterogéneas que passa pela tipologia dos documentos originais, pela estrutura da informação neles contida, pelos géneros discursivos distintos que apresentam os documentos que lhes dão origem, até à diversificação de temas que tratam esses documentos.

Com base no exposto, é difícil estabelecer uma única metodologia para a elaboração dos resumos, pois o método que pode ser eficaz num determinado caso, poderá revelar-se inadequado em outro. Dada esta circunstância, observa-se uma diversidade de metodologias, que se encontram associadas com os distintos contextos com os quais os resumos se relacionam e são produzidos, com especial relevo para o documento que está na sua origem, pois tal como refere Izquierdo Alonso[263], um resumo é sempre um reflexo da estrutura e do conteúdo do documento original que representa. Neste sentido e, ainda segundo esta autora, no processo de resumir deve contemplar-se, por um lado, o reconhecimento estrutural do documento e por outro o reconhecimento semântico. Nesta perspetiva, pode afirmar-se que um resumo é o produto sistémico destas duas vertentes de um documento. Apesar de todas as especificidades metodológicas, há um padrão que pode considerar-se a base, podendo ser adaptado a todas as situações particulares no que respeita ao processo de resumir[264].

A ausência de um corpus de regras consistentes é, portanto, inexistente para este processo. Corroboram esta ideia as normas que se dedicam à elaboração de resumos que ficam apenas pela apresentação de um conjunto de orientações metodológicas relativas ao conteúdo do texto original que deve ser privilegiado neste processo, assim como à terminologia e ao estilo a usar na redação do resumo. O que se verifica nos textos normativos também se observa nos diversos autores que se debruçam sobre este tema. A maioria deles propõe um conjunto de recomendações em geral assentes no pragmatismo, posição que poderá observar-se nos pontos que se seguem. De qualquer modo, pode concluir-se que a elaboração de um resumo assenta num processo caracterizado por um conjunto de variáveis endógenas e heterógenas que, na maioria dos casos, se entrelaçam numa teia difícil de destrinçar.

---

[263] IZQUIERDO ALONSO, Mónica; MORENO FERNÁNDEZ, Luis Miguel – *El resumen documental: un reto didáctico*. 2009. P. 59.

[264] Idem, p. 59.

Com base nas normas e na revisão da bibliografia efetuada, pode sistematizar-se este processo em quatro fases distintas, embora complementares:

- Plano geral do processo de resumir;
- Processo analítico;
- Redação do resumo;
- Aferição da qualidade do resumo.

### 3.2.1. Plano geral do processo de resumir

Como qualquer operação documental, também o processo de resumir assenta em normas e princípios orientadores, que devem ser considerados *a priori*, para que o produto apresente um elevado nível de qualidade, sobretudo no que respeita à consistência informativa. Passa a apresentar-se um conjunto de princípios orientadores que, dada a sua relevância neste processo e quando não observáveis, podem condicionar os níveis de qualidade do resumo. Por isso, recomenda-se a sua aplicação articulada com o manuseamento adequado das normas criadas para este efeito. Neste contexto, interessa ter em conta os seguintes princípios orientadores: a tipologia do documento, o tipo de resumo a elaborar, os recursos técnicos/tecnológicos e humanos, em particular o resumidor, o tempo disponível para a sua execução, o destinatário e as normas que regem a operação.

### 3.2.1.1. Tipologia do documento

Como foi referido, o documento é a primeira condição para que seja possível elaborar um resumo. Como os resumos se debruçam sobre o conteúdo dos documentos, as características formais de um documento, em particular, o suporte é uma variável secundária, quando comparada com as características do conteúdo, em especial no que se refere às matérias que aborda e à exaustividade concetual com a qual são analisadas. Partindo deste pressuposto, é fácil de entender o porquê de um resumo ser distinto em termos de exaustividade e especificidade concetual, mesmo quando se aplicam os mesmos princípios e as mesmas normas na sua elaboração, se para o efeito se considerar como documento-base uma monografia ou um artigo. É uma certeza que a tipologia de um documento condiciona sobremaneira o resumo, mormente no que se refere à tipologia que se prende com o conteúdo.

De uma forma geral, os resumos debruçam-se sobre as publicações científicas, nomeadamente em artigos, relatórios e teses. Esta preferência advém do facto de estes textos apresentarem conteúdos claros e lógicos, consequência, em grande parte, da terminologia descritiva e objetiva que utilizam e também de serem formatados numa estrutura explícita, que muito ajuda na elaboração dos resumos. Neste contexto, tal como refere Pinto Molina[265], importa distinguir os documentos das ciências puras e aplicadas dos das ciências sociais. Os textos relativos às primeiras apresentam um discurso pautado por uma terminologia denotativa, formatado numa estrutura bem delineada, segundo um modelo rigoroso e convencional (OMRC)[266]. O contrário é observado nos textos das ciências sociais, que são caracterizados por apresentarem um discurso parco

---

[265] PINTO MOLINA, Maria – *Aprendiendo a resumir: prontuario y resolución de casos*. 2005. P. 43-45.

[266] Esta situação verifica-se dado o facto de nas ciências puras e aplicadas o conteúdo ser o elemento mais importante, na medida em que o seu objetivo é veicular conhecimento. No caso das ciências sociais, cuja importância dos textos muitas vezes não está no conteúdo inovador que apresentam, mas no modo como o representam, isto é, no próprio discurso. Pelo facto de o discurso ser, em muitas situações, o fulcro do seu interesse, este tipo de literatura recorre a um estilo e a uma linguagem rebuscada e sem estrutura, circunstância que provoca dificuldades na sua análise.

em precisão e clareza, devido aos termos conotativos que usam, e que é registado num esquema pautado por um nível reduzido de normalização, quando comparado com o das ciências puras e aplicadas. Os textos nos quais estas características se evidenciam são os literários, que se pautam por uma linguagem livre, cheia de termos polissémicos e sinónimos, que concorrem para a ambiguidade semântica. Dada a subjetividade que este tipo de discurso apresenta, particularidade que, como vimos, lhe é conferida pela sua própria linguagem e estilo, assim como a inexistência de uma formatação normalizada, concorre para grandes dificuldades no momento de resumir, essencialmente no que respeita à fase da análise. Em termos de dificuldade, acresce ao facto a vasta e diversa tipologia dos géneros literários que estes textos apresentam. Entre outros salientam-se: os textos em poesia, os textos em prosa[267]. No que respeita aos textos em prosa importa referir os publicados na imprensa periódica, as atas de congressos e as patentes. Estes últimos, segundo Rowey[268], não só exigem da parte do resumidor conhecimentos técnicos relativos à área da patente, como também exigem que o resumidor domine fluentemente a terminologia na área legislativa. No que respeita a estes textos os resumidores centram-se mais na parte técnica do que nos aspetos legais, na medida em que é nesta vertente que ancora a inovação. De acordo com o mesmo autor[269], um resumo deverá contemplar os elementos que se encontram associados à invenção, em particular se for um resumo de tipo informativo; razão pela qual nas patentes se privilegiem os elementos inovadores. Toda esta diversidade de documentos irá, naturalmente, condicionar a

---

[267] Estes textos, de acordo com os seus conteúdos, estrutura e extensão podem ser divididos em outras subcategorias, como é caso dos textos em prosa, que se dividem, em novelas, ensaios, teatro, crónicas, etc.

[268] ROWLEY, Jennifer E. – *Abstracting and indexing*. 1982. P. 26.

[269] *Ibidem*.

elaboração dos resumos, nomeadamente no que respeita ao tipo e à estrutura de apresentação.

No que respeita à apresentação, ela é também diversa, pelo facto de se partir de um artigo ou de uma monografia. As diferenças observam-se, desde logo, na secção de referência pois, como se sabe, a referência bibliográfica de um artigo é distinta da referência bibliográfica de uma monografia. Quanto à estrutura, também apresenta dissimilitudes, na medida em que um resumo que resulta de um artigo apresenta uma estrutura mais explícita, através da qual se podem, sem grande esforço, constatar os pontos-chave do documento original, sobretudo se o resumo for estruturado. Pelo contrário, se um resumo for produto de uma monografia, a sua estrutura poderá apresentar-se difusa, observando-se, em alguns casos, a diluição dos elementos estruturais, situação que se deve ao facto de a estrutura de uma monografia também ser difusa.

O número de elementos a considerar na estrutura de um resumo que se baseia numa monografia também é menor que aquele que é considerado num resumo cuja base seja um artigo, porque o próprio documento, na maioria dos casos não os possui ou não lhes dá relevância.

A natureza do conteúdo destes dois tipos de documentos também condiciona o resumo. De um modo geral, as matérias abordadas num resumo que tenha por base um artigo são mais específicas do que aquelas que são expressas num resumo que seja produto de uma monografia; igual situação ocorre com o nível de exaustividade. Relacionado com estas características encontra-se o próprio discurso do resumo que, relativamente ao artigo, de uma forma geral, assume uma terminologia mais técnica e específica.

Além destes condicionalismos, registam-se as seguintes recomendações relativamente ao tipo de documentos que serve de base aos resumos: todos os documentos devem possuir conteúdos relevantes para os utilizadores, conter dados inovadores a nível do conteúdo e da metodologia e, é também importante que sejam publicados por instituições reconhecidas e de prestígio, nomeadamente no que respeita à comunidade académica[270].

### 3.2.1.2. Tipo de resumo a elaborar

Antes de se elaborar um resumo deve saber-se com a precisão possível que tipo de resumo pretende elaborar-se, pois a eleição de um tipo ou de outro irá condicionar a sua elaboração, na medida em que envolve diversas variáveis.

Assim, se se pretender elaborar um resumo de tipo indicativo, dado o facto de a sua extensão ser reduzida e ter como principal função a de alertar o leitor para a publicação de um determinado documento, a sua elaboração resulta pouco onerosa, na medida em que não exige da parte do resumidor um elevado nível de conhecimentos técnicos e/ou científicos, e o tempo de execução não é substancial quando comparado com o tempo consumido na elaboração dos outros tipos de resumos.

Todavia, se se pretender elaborar um resumo de tipo informativo ou um resumo crítico, há que pensar se o serviço dispõe de recursos humanos qualificados, quer a nível técnico, quer no que respeita a conhecimentos gerais e específicos sobre a matéria a resumir. Também há que prever um espaço considerável para o seu armazenamento relativamente àquele que é necessário para os resumos de tipo indicativo, na medida em que se estes últimos, de um modo geral, não ultrapassam as 50 palavras, o resumo

---

[270] MAIZEL, Robert E.; SMITH, Julian F.; SINGER, T. E. R. – *Abstracting scientific and technical literature: an introductory guide and text for scientists, abstractors and management*. 1971; ROWLEY, Jennifer E. – *Abstracting and indexing*. 1982. P. 19.

informativo e o crítico podem conter entre 250 e 300 e 500 palavras, respetivamente.

### 3.2.1.3. Recursos humanos e técnicos/tecnológicos

Estes dois elementos irão ser considerados no mesmo ponto pelo facto de se encontrarem estreitamente relacionados. Por um lado, devem ter-se em conta os recursos humanos para que esta operação se desenvolva de uma forma eficaz, por outro são necessários os recursos técnicos/tecnológicos que, de algum modo, sustentem as operações desenvolvidas por estes.

Quanto aos recursos humanos centram-se na figura do resumidor[271]. No caso da elaboração de resumos efetuados por humanos este é o elemento que mais influencia a qualidade de um resumo. Dada a circunstância de esta operação se caracterizar por uma significativa complexidade, é exigido ao resumidor um conjunto de competências de diversa natureza, de entre as quais se salientam as técnicas, as tecnológicas, as linguísticas e as cognitivas. Para que possa executar este processo de modo consistente, de forma a resultar num produto de qualidade, cumpre ao resumidor que as domine satisfatoriamente. No que respeita às competências técnicas é exigido entre outros conhecimentos, que o resumidor saiba adequar a abordagem metodológica correta à elaboração do tipo de resumo que pretende elaborar, não podendo descurar o tipo de documento nem o seu conteúdo. Deste modo, é importante que conheça não só os princípios e as recomendações teóricas que norteiam esta operação, mas também os instrumentos metodológicos/técnicos que suportam e garantem a qualidade dos resumos como, por exemplo, conhecer e saber interpretar de forma crítica as normas específicas para a sua elaboração de entre as quais

---

[271] IZQUIERDO ALONSO, Mónica; MORENO FERNÁNDEZ, Luis Miguel – *El resumen documental: un reto didáctico*. 2009. P. 79-93.

se salientam pela sua aplicação internacional, a norma ISO 214-1976 e a norma ANSI Z39.14-1997, as normas para a descrição das referências bibliográficas, como por exemplo, a ISO 690(2010) e a norma para a análise de documentos, a ISO 5963(1985). Importa ainda ter em consideração outros textos que, não sendo normativos, são orientadores de boas práticas. É o caso dos guias e dos manuais, como, por exemplo, o *Manual de Vancouver*, texto ligado às ciências biomédicas e elaborado pelo Grupo de Vancouver. Ao resumidor é também pedido que possua habilitações linguísticas, como o conhecimento de sintaxe, de morfologia e que seja conhecedor de um vocabulário alargado. Estas faculdades linguísticas irão permitir, por um lado ler e interpretar os documentos de forma a identificar e selecionar as ideias chave e, por outro, representar essas ideias. O conhecimento e a destreza no domínio de idiomas é outra competência que deve ser considerada. Outras habilitações a ter em conta são as de natureza cognitiva. O resumidor deve possuir conhecimentos específicos sobre a matéria a resumir, para fazer uma análise de qualidade do conteúdo dos textos. Características como a especificidade e a exaustividade, presentes tanto na análise como na representação concetual, apenas são possíveis com o nível de qualidade desejável se o resumidor dominar em profundidade os temas a resumir. Também é importante que o resumidor possua conhecimentos transversais aos temas específicos que normalmente tem de resumir, de forma a poder contextualizá-los, e dando lugar a um produto equilibrado e coerente concetualmente. Outra aptidão a ter em conta prende-se com o facto de possuir e desenvolver um espírito analítico/sintético. Esta é uma das aptidões mais exigíveis num resumidor, porque a operação de resumir assenta na dicotomia análise-síntese. O maior ou menor desenvolvimento destas duas competências é fator *sine qua non* para a qualidade do resumo. Dada a importância deste elemento, ele será analisado com maior profundidade quando for abordado o tema da operação de resumir.

Quanto aos recursos que se prendem com as Tecnologias da Informação e da Comunicação, este conjunto de meios que se encontram articulados entre si constituindo uma unidade, permite desenvolver de um modo rápido o processo da elaboração de um resumo, o seu armazenamento e disseminação. No que se refere à elaboração, a componente das tecnologias da informação, seja a nível do *hardware* ou do *software* tem um papel preponderante. Embora se saiba que estes recursos ainda não respondem de uma forma cabal à sua elaboração, quer no que respeita ao processo de análise (exige da parte dos sistemas e programas informáticos um domínio da semântica que lhes permita fazer interpretações e deduções concetuais) quer ao processo de síntese, em particular à redação do resumo, eles são, todavia, ferramentas indispensáveis para a divulgação e armazenamento. Na divulgação dos resumos interessa considerar não só as tecnologias da informação como as telecomunicações.

Para esta operação ser eficaz é tão importante um serviço de resumos possuir um equipamento tecnológico eficiente como possuir boas telecomunicações. Para uma boa prática deste processo importa que o resumidor tenha o máximo de conhecimentos dos itens considerados, para que lhe seja possível maximizar o seu uso. De um modo geral, interessa que o resumidor possua conhecimentos das capacidades do sistema informático com o qual irá trabalhar, essencialmente no que respeita à representação e armazenamento ao acesso e recuperação da informação e aos meios que estes recursos disponibilizam para a sua divulgação. Todos estes conhecimentos informáticos devem ser complementados com os das telecomunicações.

No que respeita ao aspeto da representação e armazenamento, o resumidor[272] deve conhecer a estrutura do sistema informático e

---

[272] *Idem*, p. 81-83.

o volume e a extensão de dados que podem registar-se. O domínio deste conhecimento pode determinar os níveis de exaustividade e especificidade da análise que, por consequência, irá influenciar o tipo de resumo a elaborar. No que se refere ao acesso e recuperação da informação, interessa que o resumidor saiba utilizar todas as funcionalidades deste módulo, em particular no que respeita às técnicas de pesquisa, pois terá de recorrer a elas para esclarecer dúvidas sobre a informação expressa nos documentos a analisar. Para este procedimento, são instrumentos privilegiados os catálogos, as enciclopédias, as normas e outros textos normativos e todo tipo de documentos *online* que se prestem a este propósito. Estes instrumentos de trabalho são também cruciais para uniformizar e controlar os elementos que constituem os resumos, como questões que se prendem com a autoria, instituição de filiação, entre outros. Por último, importa registar que os meios tecnológicos, em particular aqueles que proporcionam as telecomunicações, são atualmente os recursos privilegiados de difusão e disseminação deste tipo de documentos secundários, sobretudo no que respeita ao acesso a bases de dados e a plataformas digitais, a ponto de o seu conhecimento aprofundado pelo resumidor ser uma mais-valia.

### 3.2.1.4. Tempo disponível e recursos financeiros

Tal como se observa no ponto anterior, também estas duas variáveis encontram-se estritamente relacionadas e condicionam de modo significativo a elaboração dos resumos, em especial no que respeita à sua tipologia. Assim, antes de se iniciar este processo importa avaliar o tempo disponível para a sua elaboração e os recursos financeiros de que o serviço dispõe para a sua execução. Caso um serviço disponibilize parcos recursos financeiros e disponha de pouco tempo para a sua elaboração, naturalmente irá optar pelo resumo indicativo em detrimento de um resumo de tipo informativo. É nesta circunstância que estas duas variáveis influenciam o tipo de resumo a elaborar.

### 3.2.1.5. Destinatário

Para concluir este ponto, não pode deixar de referir-se o papel do destinatário neste processo, na medida em que ele é o princípio e o fim desta operação. Nesta linha de pensamento encontra-se Rowley[273], que aponta como primeiro critério a considerar na elaboração dos resumos a sua pertinência face aos utilizadores.

Dada a importância que assume em todo o processo de resumir o facto de ser consumidor do produto desta operação, importa desde logo fazer um estudo do seu perfil, por forma a identificar as suas reais necessidades informacionais, os seus hábitos de pesquisa em termos de preferências quanto ao tema e/ou à extensão do resumo, e as suas expectativas no que respeita à consulta destes produtos secundários. Avaliar as particularidades dos utilizadores para adaptar os resumos às suas necessidades é um fator decisivo para a pertinência e qualidade de qualquer serviço de informação, no caso concreto um serviço de resumos. Apenas partindo deste pressuposto poderá elaborar-se um resumo adequado ao perfil do utilizador e do potencial utilizador. Para dar cumprimento a esta pretensão recorre-se a métodos que podem ser enquadrados em abordagens quantitativas e/ou qualitativas. Quanto à abordagem quantitativa, tal como se infere do nome debruça-se sobre dados mensuráveis, por isso recorre-se a ela sempre que se verifique a possibilidade da utilização de medidas numéricas e/ou estatísticas, pois o que está em causa é a obtenção de resultados objetivos e não o processo

---

[273] ROWLEY, Jennifer E. – *Abstracting and indexing*. 1982. P. 19.

propriamente dito, o seu contexto e a complexidade da realidade objeto de estudo, situação que acontece com a abordagem qualitativa, que é uma metodologia de natureza holística. Dentro desta abordagem, segundo Pinto Molina[274], podem ser usados métodos estatísticos de correlação, como por exemplo a técnica de regressão que serve para compreender as razões do seu comportamento. Os inquéritos por questionário são também uma técnica, dentro da abordagem quantitativa, que permite obter uma perspetiva ampla sobre a utilização de um ou de outro tipo de resumos, possibilitando, deste modo, determinar uma tendência para a elaboração do tipo de resumo preferível para uma determinada comunidade de utilizadores. No que respeita à abordagem qualitativa, ela permite usar dados que não podem ou não têm necessidade de serem mensuráveis, o seu propósito não é chegar a resultados conclusivos, mas ser um ponto de partida para uma melhor interpretação dos fenómenos estudados. Assim, este tipo de metodologia não pretende enumerar ou medir factos, pretende interpretar os fenómenos segundo a perspetiva dos participantes envolvidos na situação estudada. Deste modo, importa obter dados descritivos gerados pelo contacto direto e interativo entre o investigador e o objeto estudado[275], no caso concreto entre quem consome ou poderá a vir a consumir os resumos e quem procura determinar o seu perfil, o resumidor. Com esta abordagem metodológica pretende-se compreender os fenómenos, para tal em muitos casos é necessário saber as opiniões e os comentários dos utilizadores acerca deste tipo de documento. Entre outras técnicas que fazem parte dela salienta-se a interação direta com o utilizador, as entrevistas e grupos de discussão e, em determinados casos, os questionários. Neste tipo de abordagem,

---

[274] PINTO MOLINA, Maria – *El resumen documental: paradigmas, modelos y métodos*. 2001. P. 108-109.

[275] NEVES, José Luís – *Pesquisa qualitativa: características, usos e possibilidades*. 1996.

as entrevistas e os grupos de discussão são, em nosso entender, as técnicas que melhor se enquadram neste contexto, devido a características como a existência da interação direta entre o entrevistado e o entrevistador, situação que permite reformular as questões e aprofundar ou introduzir novos propósitos oferecendo, deste modo, uma grande diversidade de respostas e de questões. Geralmente os entrevistados são especialistas no assunto a abordar ou têm contacto direto com ele[276], o que resulta numa mais-valia.

Relativamente a este assunto, importa ainda referir que a adoção de uma abordagem poderá não excluir a outra sendo, em alguns casos, recomendada a aplicação das duas, a chamada triangulação de dados. A aplicação desta solução metodológica poderá concorrer para resultados mais sólidos.

No que respeita ao estabelecimento de uma tipologia de utilizadores, de acordo com a sua profissão e com o definido por Pinto Molina[277], podem sistematizar-se os seguintes perfis:

a) Investigadores – Caracterizam-se por exercerem a sua atividade na investigação e são o grupo que manifesta maior interesse pela consulta dos resumos. Tal situação prende-se com o facto de terem de consultar um elevado número de documentos, o que os obriga a selecionar e a filtrar a informação, e com a necessidade de terem de manter-se atualizados acerca do que se publica na sua área de interesse. Outro ponto a favor que os resumos apresentam para esta categoria de utilizadores tem a ver com o facto de os resumos, na maioria dos casos, serem redigidos numa língua conhecida, normalmente em inglês, o que permite ultrapassar os obstáculos linguísticos. Neste tipo de utilizadores destacam-se

---

[276] SOUSA, Maria José; BAPTISTA, Cristina Sales – *Como fazer investigação, dissertações, teses e relatórios*. 2001. P. 79-91.

[277] PINTO MOLINA, Maria – *Análisis Documental: fundamentos y procedimientos*. 1993. P. 175.

aqueles que consomem resumos publicados em revistas das suas áreas de especialidade. Neste contexto, há a considerar dois tipos de revistas: as revistas de resumos e as revistas científicas. As revistas de resumos, dada a sua natureza, características e funções são as que mais se adequam a este perfil de leitores, na medida em que são um repositório por excelência deste tipo de documentos secundários; de resto, eles são a razão da sua existência. Quanto às revistas científicas, tal como outrora, continuam a ser revistas especializadas em áreas específicas do conhecimento. Têm como particularidade a apresentação de um resumo anexado ao artigo, que é quase sempre elaborado pelo autor.

Este tipo de utilizadores também é grande consumidor de artigos publicados em atas de congressos e reuniões científicas. Neste tipo de publicações, o resumo é um meio privilegiado da divulgação dos resultados dos trabalhos de investigação. Ainda no âmbito dos congressos e de outras reuniões científicas, é importante registar o papel relevante que o resumo assume aquando da seleção dos trabalhos científicos que são propostos para serem apresentados nessas reuniões. A comissão científica criada para estes eventos tem como uma das suas funções solicitar aos participantes um resumo prévio do estudo que pretendem apresentar nessas reuniões, resumo esse que será sujeito a arbitragem científica pelos membros da referida comissão. Nesta perspetiva, o resumo assume as suas funções de divulgação e de seleção.

b) Docentes – À semelhança do que acontece com os investigadores, este grupo de utilizadores também necessita de se informar e atualizar sobre o que se publica na sua área. A breve descrição, porém exaustiva, dos conteúdos dos documentos originais que os resumos apresentam concorre para que, na maioria dos casos, estes utilizadores não necessitem de consultar os mesmos e possam selecionar aqueles que são mais relevantes para a sua área, mantendo-se atualizados de forma contínua, e podendo recomendar bibliografia atualizada aos alunos. Dada a atividade que exercem (investigador/pedagogo), os professores que mais consultam este tipo de documentos são os universitários.

c) Técnicos – O grupo dos profissionais que exercem uma atividade técnica são também utilizadores a considerar nesta tipologia, na medida em que este tipo de documentos lhes permite conhecer, em primeira mão, informação específica e técnica. É este grupo de utilizadores que procura com maior frequência resumos sobre normas e patentes.

d) Profissionais de áreas de produção prolífica – Este grupo de utilizadores vê nos resumos um filtro da informação, na medida em que na sua área se produz muita bibliografia e também porque em determinadas áreas como é o caso da política, em que se publicam muitos documentos, nem tudo o que se edita é considerado preciso e fiável. Ao exercerem a sua função de filtro, os resumos concorrem para uma informação mais precisa e orientada dos assuntos que lhes interessam.

e) Profissionais da informação – Para este grupo de utilizadores os resumos assumem uma dupla função. Por um lado, servem para atualizar a informação de que estes utilizadores necessitam para exercer com eficiência o seu trabalho, por outro são um excelente apoio técnico no que respeita ao processo de indexação corrente e retrospetiva, assim como no que se refere ao serviço de referência. Relativamente ao processo de indexação, os resumos são uma ferramenta essencial, sobretudo se os conteúdos dos documentos primários incidirem sobre as ciências puras e/ou aplicadas, na medida em que fazem parte do corpo do resumo as palavras-chave, como se referiu no ponto apropriado; estas são de muita utilidade para quem indexa, porque lhe dão pistas, na maioria dos casos muito seguras, sobre os assuntos expressos nesses documentos. No que respeita às questões relacionadas com a referência, eles são também elementos-chave: por um lado permitem a localização do documento primário através da secção de referência, por outro o corpo do resumo traduz de forma concisa e objetiva o conteúdo do documento primário, o que permite ao responsável pelo setor da referência dar uma resposta segura e completa sobre o assunto de um determinado documento a quem o procura para colmatar uma necessidade de informação.

f) Cidadão comum – Nesta tipologia não pode deixar de considerar--se o cidadão comum, sobretudo aquele que pesquisa na Internet. Para este perfil de utilizador os resumos servem de filtro nesse caudal de informação, na maioria das vezes caótica em termos de organização.

### 3.2.1.7. Normas para a elaboração de resumos

Após a descrição de alguns dos princípios subjacentes à operação de resumir, apresenta-se neste ponto uma análise dos textos normativos mais relevantes para a sua elaboração. Estas normas descrevem as fases de elaboração de um resumo, os procedimentos metodológicos e propõem algumas recomendações de natureza pragmática a serem seguidas por quem os elabora. Não é demais referir que o uso destes textos normativos é o garante da elaboração de um produto normalizado e de qualidade, que neste caso se traduz na coerência e na consistência do resumo, seja no que respeita à estrutura, seja quanto ao conteúdo. Entre outras normas e outras compilações de recomendações normativas, pela sua projeção internacional consideraram-se as seguintes: a norma ISO 214-1976 e a norma ANSI/NISO Z39.14-1997, ambas sobre elaboração de resumos. Dado o seu papel nesta operação foram também consideradas a norma ISO 690(2010), relativa às referências bibliográficas e a norma ISO 5963(1985), que se circunscreve à análise de documentos. No que respeita às normas nacionais destaca-se a NP 3715(1989)[278], a NP 405[279] e a NP 418(1988)[280].

Dado o aspeto relevante do papel das normas ISO 214-1976 e ANSI/NISO Z39.14-1997 como elementos reguladores e harmonizadores do processo de resumir, operação caracterizada pela complexidade e subjetividade, nomeadamente no que se refere à primeira fase (análise), importa apresentar um breve estudo no que se refere à sua estrutura e aos seus conteúdos. Deste modo, passa a descrever-se a estrutura e os respetivos conteúdos de cada uma delas, para depois se fazer uma breve comparação, na qual irão ser consideradas duas categorias de análise: os pontos de convergência e os pontos de divergência existentes entre ambas.

Além das normas mencionadas, dada a afinidade, outras poderão ser usadas; são em especial aquelas que se enquadram no contexto da área da indexação, como por exemplo as normas relativas ao controlo do vocabulário.

---

[278] Norma que descreve o método para a análise de documentos, determinação do seu conteúdo e seleção de termos de indexação. Versão portuguesa da ISO 5963(1985).

[279] Normas para referências bibliográficas, a saber: NP405-1(1994); NP405-2(1998); NP405-3(2000) e NP405-4(2002). A parte 1 é uma versão harmonizada da ISO 690 (1987) as partes: 2, 3 e 4 não têm correspondência internacional.

[280] Norma para elaboração de resumos analíticos para publicações e documentação. Versão portuguesa da ISO 214-1976.

## ISO 214:1976: Estrutura e conteúdo

No que respeita à estrutura, esta norma apresenta a seguinte configuração: a introdução, o campo de aplicação, a definição, os objetivos, o tratamento do conteúdo de um documento, a apresentação e o estilo dos resumos. Finaliza com um conjunto de exemplos, que é apresentado em anexo.

Após uma breve introdução na qual se refere o interesse da mesma para os serviços primários e para os serviços secundários, segue-se o ponto relativo ao objetivo e campo de aplicação, no qual afirma que o seu propósito é fixar um conjunto de regras para a preparação e apresentação de resumos[281], nomeadamente aqueles que são elaborados pelo autor. Todavia, esta recomendação também poderá servir para todos aqueles que elaboram resumos cuja finalidade seja a sua reprodução em publicações secundárias. No ponto 2, relativo às definições, são registados os conceitos que a norma considera mais relevantes para o seu entendimento. É apresentado o conceito de resumo e as suas aceções quanto ao nível de descrição analítica/densidade informativa, mencionando-se o resumo informativo, o resumo indicativo e o resumo informativo-indicativo. Com o propósito de evitar equívocos, a norma apresenta ainda, neste ponto, uma distinção clara entre as noções de resumo, anotação e extrato. O ponto 3 refere a finalidade do resumo e a sua pertinência. É mencionada, de modo sucinto e indireto, uma das funções do resumo: identificar de uma forma célere o conteúdo de um documento primário, com o propósito de determinar a sua pertinência no que respeita à sua pesquisa (leitura marginal ou integral). Outra questão presente neste ponto prende-se com o objeto dos resumos, isto é: saber qual a tipologia de documentos primários que são mais relevantes para a elaboração de um resumo.

---

[281] ISO 214-1976., 1.

Salienta os periódicos, os relatórios, as teses, as monografias, as atas e as publicações emanadas de serviços secundários. No ponto 4 apresenta, em traços gerais, uma metodologia para a elaboração de um resumo de tipo informativo, orientações que, de resto, e em termos gerais, deverão ser consideradas na elaboração dos outros tipos. De acordo com esta norma, um resumo deste tipo deverá contemplar os seguintes elementos estruturantes que, em princípio, também devem ser comuns ao documento primário: objetivos (motivos pelos quais foi abordado o tema de estudo); metodologia (abordagens metodológicas, técnicas e instrumentos aplicados para dar cumprimento aos objetivos); resultados (os dados recolhidos, sejam eles de natureza teórica e/ou de natureza experimental, a descrição e a sua interpretação) e/ou conclusões (representam as implicações do estudo, levantam hipóteses, apresentam recomendações, propostas de melhoria para estudos futuros, eventualmente, as limitações do próprio estudo). No ponto 5 é descrita a apresentação e o estilo recomendado para a elaboração de um resumo. Entre outras recomendações, este texto destaca como características de um resumo o seu carácter exaustivo e a precisão que a linguagem da redação deve assumir e menciona ainda a sua extensão. Remata com questões relacionadas com a estrutura e terminologia a usar na sua elaboração.[282].

**ANSI/NISO Z39.14-1997: Estrutura e conteúdo**

A ANSI/NISO Z39.14-1997[283] apesar de manifestar as mesmas linhas concetuais da ISO 214-1976, apresenta uma estrutura mais

---

[282] Este assunto terá um maior desenvolvimento no ponto relativo à redação de um resumo.

[283] Confrontar a matéria apresentada neste subcabeçalho com a ANSI/NISO Z39.14-1997.

pormenorizada e conteúdos mais desenvolvidos. A grande novidade relativamente à ISO 214-1976 prende-se com o facto de introduzir matéria relacionada com os documentos eletrónicos. De uma forma geral, pode inferir-se que esta norma apresenta os seus conteúdos estruturados em duas partes: a primeira, que pode designar-se por pontos introdutórios, na qual apresenta um conjunto de informação imprescindível para o seu próprio entendimento: a introdução (ponto 1), as referências (ponto 2), as definições (ponto 3), os objetivos, a localização e a autoria (ponto 4), a tipologia de documentos suscetíveis de servirem de base a um resumo (ponto 5). A segunda parte está focada em aspetos metodológicos que se encontram expressos nos pontos 6 e 7. O ponto 6 considera os tipos de resumos e os elementos que devem conter e o ponto 7, o estilo, a terminologia e a extensão dos distintos tipos de resumos. Por fim, como ponto complementar, apresenta um apêndice constituído por um conjunto de exemplos de tipos de resumos. Ao longo da análise desta norma verifica-se que ela se pauta pela objetividade e precisão, quer a nível da apresentação do articulado dos elementos, quer a nível concetual. Esta particularidade é evidente desde logo na introdução (ponto 1), em que é apresentada uma definição de resumo. De uma forma clara e breve, segue-se a exposição do campo de aplicação referindo-se aos autores e aos serviços que elaboram resumos, e um extenso conjunto de definições necessárias para o seu entendimento (ponto 3). Segue-se a apresentação dos objetivos, assim como a localização dos resumos nos documentos. Este ponto aborda ainda questões relacionadas com a autoria dos resumos (ponto 4). No ponto relacionado com a tipologia dos documentos mais suscetíveis de serem resumidos salientam-se: os periódicos, monografias, relatórios técnicos, documentos de acesso restrito, patentes e normas (ponto 5). Dos pontos que apresentam um conjunto de orientações de natureza metodológica destaca-se, em particular, o relativo aos tipos de resumos e respetivo conteúdo (ponto 6). Neste ponto, a norma é clara sobre as particularidades que caracterizam o tipo de resumo informativo e o resumo indicativo, relevando o papel que o documento original assume na sua elaboração e a finalidade que lhe está na base. Este ponto apresenta ainda os elementos estruturais e de conteúdo do documento original que um resumo deve conter para cumprir as suas funções: objetivos, metodologia, resultados, conclusões e outra informação adicional relevante do documento original que possa enriquecer o resumo e/ou facultar uma melhor localização do documento base. O ponto 7, também ele metodológico, refere o estilo que deve ser usado no discurso do resumo: deverá ser claro, conciso e coerente, de forma a manter o equilíbrio concetual do documento original. Outro aspeto abordado é o que respeita à extensão de cada resumo. A norma determina-a de acordo com a tipologia de cada documento original. Para documentos longos, como é o caso das monografias, em particular das teses, estipula uma página, o que equivale sensivelmente a 300 palavras; para os artigos de revista e capítulos de livros determina 250 palavras; para pequenas comunicações, refere que deve conter 100 palavras e, por último, para as cartas ao editor estipula 30 palavras. Refere ainda que a apresentação do conteúdo de um resumo idealmente deverá ocupar apenas um parágrafo. Nele, os períodos devem ser completos, coerentes e redigidos na voz ativa. No que respeita à terminologia, recomenda que ela deve pautar-se pela objetividade para evitar a ambiguidade. Para isso, recomenda que não devem usar-se acrónimos, abreviaturas, símbolos ou quaisquer termos que sejam desconhecidos.

Para encerrar este ponto, falta referir que a norma portuguesa, NP 418(1988): *Resumos analíticos para publicações e documentação*, publicada pelo Instituto Português da Qualidade, nada ou pouco vem acrescentar às normas acabadas de analisar pois, como pode inferir-se a partir da primeira página, esta norma é uma tradução livre da ISO 214:1976. O conteúdo, embora seja o mesmo, aparece estruturado num articulado mais especificado relativamente aos exemplos, dos da ISO 214:1976.

Apesar de ser esta a norma portuguesa recomendada para a elaboração de resumos, muitos autores recorrem à ANSI/NISO Z39.14-1997. Supõe-se que uma tal opção se prenda com o facto de esta norma apresentar os conteúdos mais atualizados e enquadrados numa estrutura bem definida, coesa e coerente. Outro fator que poderá concorrer para a escolha é a circunstância de esta norma já aludir aos documentos eletrónicos.

Conclui-se este ponto recomendando que nunca se deve avançar para a elaboração de resumos sem avaliar um conjunto de fatores, de entre os quais se salientam os que foram analisados. O que pode ser exequível num determinado contexto, poderá não o ser em outro.

### 3.2.2. Processo analítico

Após terem sido considerados os princípios e as recomendações subjacentes à elaboração de um resumo e as questões que se prendem com os textos normativos que orientam a sua construção e que, deste modo, são um garante à sua acreditação como documento controlado e de qualidade, apresenta-se a descrição das fases e dos procedimentos da sua elaboração.

Antes de mais, interessa não esquecer que deste processo irá resultar um novo documento, cuja particularidade é a de se basear num documento original. Dada esta especificidade, é importante ter em conta as suas características e a sua função. Recorda-se que o resumo é, antes de mais, uma breve representação da informação relativa a um documento primário. Este texto deve ser preciso, objetivo, consistente e coerente, quer no que respeita ao aspeto concetual, quer ao aspeto estrutural, de modo a não provocar ambiguidade na mensagem do autor do texto original e permitir a quem o consulta uma identificação rápida e precisa do conteúdo informativo do documento primário. Apenas deste modo o utilizador poderá com rigor decidir ou não do interesse da consulta do texto original.

De uma forma geral, o processo de resumir segue muito de perto as fases e os procedimentos da indexação, na medida em que as duas operações têm a mesma função: representar a informação contida num documento, com a finalidade de se poder aceder a ela e recuperá-la. Assim e, tal como acontece no processo de indexação, a elaboração de um resumo assenta essencialmente em duas fases: a análise de conteúdo de um documento e a sua representação. Este procedimento é geral, apesar de existir um resumo diverso para cada tipo de documento[284], de acordo com as suas especificidades.

Apesar da metodologia ser um elemento essencial na elaboração de um resumo, ele não é referido nas normas que foram analisadas no ponto anterior[285]. Na descrição analítica efetuada, entre outros aspetos verificou-se que estas se ocupam essencialmente dos conteúdos a extrair, da estrutura onde é registado o conteúdo dos tipos de resumos e da redação, não se apresentando uma metodologia geral para a sua elaboração. Contudo, da revisão bibliográfica efetuada sobre este ponto observa-se que os teóricos da indexação que refletem sobre o assunto propõem uma metodologia geral para a elaboração dos resumos, coincidindo todos num ponto comum: que esta operação assenta sempre em duas fases: a primeira consiste na análise do conteúdo do documento, a segunda na sua representação, a síntese.

---

[284] ROWLEY, Jennifer E. – *Abstracting and indexing*. 1982. P. 25.
[285] ANSI/NISO Z39.14-1997 e ISO 214-1976.

Não existe um modelo ideal para resumir, pelo facto de esta operação depender de um número muito significativo de variáveis, de entre as quais se salientam a fonte dos resumos, os seus objetivos e em especial o resumidor, pois cada pessoa tem as suas competências e as suas técnicas, em particular as que respeitam à análise[286], mesmo que o objetivo comum a todos os analistas seja construir um breve texto consistente, que idealmente mantenha a estrutura do documento original, por forma a poder em casos de necessidade substituí-lo.

Se para um resumidor profissional a elaboração de um resumo é uma operação que se vislumbra com alguma facilidade, não sendo necessário, portanto, recorrer a um corpus metodológico bem definido, para um resumidor menos experiente o recurso a tal expediente apresenta-se impreterível, mesmo sabendo que, na prática, alguns procedimentos poderão resultar em redundância e sobreposição[287].

Com base neste entendimento e procurando estabelecer um conjunto de pontos orientadores para uma prática consistente, muitos foram os autores que se debruçaram sobre este tema, com o objetivo de criar um modelo metodológico geral, que pudesse ser aplicado ao maior número de casos possível na elaboração dos resumos documentais. Pela estrutura que imprimem aos esquemas metodológicos que apresentam, e porque se complementam, destacam-se os que são propostos por Cremmins, Donald Cleveland e Ana Cleveland e Borko.

Na metodologia que apresenta, Cremmins[288] centra-se sobretudo na fase da análise. Desenvolve um modelo exaustivo que se expressa num conjunto de quatro pontos:

---

[286] LANCASTER, Frederick W. – *Indexing and abstracting in theory and practice*. 1991. P. 97.

[287] ROWLEY, Jennifer E. – *Abstracting and indexing*. 1982. P. 20.

[288] CREMMINS, Edward T. – *The art of abstracting*. 1982. P. 17.

a) Apreensão das características básicas do documento a resumir
b) Identificação da informação relevante[289]
c) Seleção, organização e condensação da informação relevante
d) Depuração da informação relevante.

Segundo este autor[290], para a concretização da primeira fase deste processo, a alínea a) o resumidor centrar-se-á nas características do documento; na forma, na tipologia, no tamanho e na estrutura da informação. É este procedimento que lhe irá permitir determinar o tipo de resumo que deve ser elaborado, a extensão e o grau de dificuldade. Para a realização da segunda alínea b) o autor refere que esta pressupõe uma leitura atenta das palavras, das frases, dos títulos, dos complementos de título e todos os tópicos que contenham informação pertinente no contexto semântico tratado. Para a execução da terceira fase, a alínea c) prevê a organização e o registo das ideias selecionadas, tendo em conta um formato normalizado; por último, para a concretização do procedimento apresentado, recomenda na alínea c) uma revisão minuciosa da informação que resultou de todo este processo. É esta a informação que irá ser objeto do resumo.

Por sua vez, Donald Cleveland e Ana Cleveland[291] apresentam também uma abordagem muito completa deste processo, que se formaliza em cinco etapas. Este esquema tem a particularidade de manifestar todos os elementos estruturais que compõem um resumo. A secção da referência, alínea a), a secção, o corpo do resumo, alínea b) e a secção da assinatura, alínea c).

---

[289] Para Cremmins, em determinadas situações a informação registada na alínea a) sobrepõe-se à alínea b).

[290] CREMMINS, Edward T. – *The art of abstracting*. 1982. P. 15.

[291] CLEVELAND, Donald B.; CLEVELAND, Ana D. – *Introduction to indexing and abstracting*. 2001. P. 110-117.

a) Registo preciso de todos os elementos que fazem parte da secção da referência (título, autor, filiação do autor, instituição patrocinadora, fonte de publicação, língua do documento original e informações adicionais);

b) Análise das partes que constituem o conteúdo que irá ser objeto do corpo do resumo (objetivos e âmbito do estudo, metodologia, resultados e informações adicionais);

c) Redação do resumo (compilação e redação através de uma linguagem natural da informação relevante);

d) Registo da assinatura do autor do resumo;

e) Organização do resumo.

No que respeita às etapas consideradas, os autores referem para cada uma delas um conjunto específico de procedimentos a realizar. A primeira etapa, alínea a), refere-se à secção da referência bibliográfica, que todos os resumos devem contemplar independentemente do seu tipo. Ela deverá ser o mais completa possível, para não permitir ambiguidades na localização, orientação com a qual comungam estes autores, na medida em que apresentam um conjunto muito significativo de elementos que deve ser tido em conta. Referem ainda, que estes elementos deverão ser registados segundo regras, para evitar distorções na sua interpretação[292].

A segunda etapa, alínea b), incide sobre o conteúdo do documento original. Nela são referidas as partes a considerar no documento, aquelas que possuem informação mais relevante, como é o caso dos objetivos, do campo de aplicação, da metodologia, dos resultados, das conclusões e ainda outras informações adicionais, quando forem consideradas importantes.

Na terceira etapa, alínea c), apresentam-se algumas recomendações para a redação. Começam por mencionar que um resumo deve ser

---

[292] *Idem*, p. 110.

redigido em linguagem natural e que o resumidor antes de iniciar a redação do resumo deverá construir uma espécie de mapa concetual, do qual deverão constar, de uma forma organizada, as ideias resultantes da análise. Refere-se ainda à extensão, ao mesmo tempo que expõe os fatores que podem condicioná-la, entre os quais a extensão do documento original, a natureza e complexidade do assunto que nele é abordado, o tipo de documento e os pormenores técnicos que apresenta[293]. Estes indicadores levam a concluir que para a extensão de um resumo não há regra fixa.

Relativamente ao registo da informação estes autores, à semelhança de outros, das próprias normas relativas à construção de resumos, e a outras recomendações a este propósito, referem que a primeira frase de um resumo deve conter de uma forma condensada e precisa a informação mais relevante do texto original. Ela é um elemento fundamental no corpo do resumo, na medida em que assume poder decisório relativamente à consulta ou não do documento original. Por esta razão, a primeira frase de um resumo deverá representar a mensagem global do documento original e o seu propósito, e não expressar uma noção específica e/ou periférica. Esta ideia não é sinónimo da falta de exaustividade, pois a definição de resumo não impõe que se seja pormenorizado na descrição dos conteúdos, mas que se registem de uma forma concisa os mais relevantes. Essa descrição pormenorizada é uma função atribuída ao documento original. Não pode esquecer-se que esta é uma das mais importantes características dos resumos, na medida em que este não é apenas um elemento que pode determinar a consulta de um documento original, mas, em determinadas situações, substituir o dito documento, devido ao seu nível de precisão e consistência semântica. Assim, por

---

[293] Cleveland e Cleveland, consideram que um resumo deve possuir entre 250 palavras e 100, todos aqueles que excederem as 500 palavras devem ser considerados uma revisão crítica.

questões de extensão, precisão e relevância, devem ser excluídas do texto do resumo, palavras e determinadas expressões que fazem parte do título; o mesmo procedimento será válido para as frases que introduzem os assuntos. Pela mesma razão, o que se aplica aos conteúdos também deve ser aplicado à estrutura do resumo e à sintaxe das próprias frases, para que o leitor não incorra em ambiguidades semânticas.

Na quarta e quinta recomendações, alíneas d) e e), os autores referem-se ao modo como deve ser registada a assinatura do autor do resumo, e à organização dos resumos nos documentos onde são divulgados.

Tal como se observa no modelo metodológico proposto por Cremmins, também estes autores contemplaram as secções previstas para a estrutura do resumo.

Relativamente a este processo, Borko refere-se-lhe de uma forma dispersa, em vários pontos da sua obra *Abstracting concepts and methods*[294], sendo mais explícito no ponto 4 – *Contents and Format*[295]. Depois de uma breve introdução, na qual menciona a função dos resumos apoiando-se nos seus objetivos, assim como nos do documento original, descreve e apresenta algumas recomendações para os que exercem esta tarefa. Fá-lo sistematizando este processo em dois pontos: a seleção do conteúdo e a sua organização[296].

No que respeita à seleção dos conteúdos refere que, uma vez entendida qual é a função de um resumo, se torna claro qual é a informação do documento fonte que deverá ser ou não excluída e/ou sintetizada. De entre os elementos que devem ser omissos refere os aspetos históricos e introdutórios ao tema, os pormenores dos

---

[294] BORKO, Harold; BERNIER, Charles L. – *Abstracting concepts and methods*. 1975.

[295] *Idem*, p. 53-70.

[296] *Idem*, p. 67-70.

procedimentos técnicos, as informações desatualizadas e que, por isso, pouco ou nada contribuem para os propósitos de quem os consulta. Ao resumo compete facultar elementos do original que sejam significativos e que, por si só, descrevam de forma precisa a informação do original, por isso se devem considerar os objetivos, metodologia, resultados e as conclusões. Refere ainda que os dados que os resumos apresentam devem ser sumários e nunca expostos na íntegra, como acontece no original. Tal como os outros autores, menciona ainda relativamente a este ponto, que os conteúdos a extrair de um texto original devem primar pela objetividade e pela relevância da informação. Por isso, cumpre ao resumidor selecionar os resultados aos quais o autor chegou e não aqueles que o autor se propôs atingir mas que, por razões diversas, não conseguiu atingir no seu estudo. De igual modo, não devem ser considerados os propósitos que o autor pretende alcançar em futuros estudos. Todas estas questões são objeto do documento original, mas não de um resumo. É com base neste princípio que consegue atingir-se a brevidade de um resumo, ao mesmo tempo que consegue selecionar-se a informação relevante. Deste modo, um parágrafo extenso poderá ser condensado numa única frase breve, clara e precisa, enfim, destituída de ambiguidade semântica.

Para que a consistência concetual entre um resumo e o texto original se mantenha, é desejável que o resumidor adote a terminologia usada pelo autor do texto original, desde que esta não concorra para atropelos semânticos. Uma exceção prende-se com o facto de alguns serviços de resumos, nomeadamente quando são de grande dimensão e altamente especializados, recorrerem a uma terminologia própria, com a finalidade de atingirem uma maior condensação. Assim, entre outros elementos, pode recorrer-se a abreviaturas, acrónimos e siglas padronizadas, sistema muito utilizado na área das ciências puras e aplicadas, como na química e na física.

No que respeita à organização dos conteúdos, este autor entende que ela deve ir ao encontro dos objetivos dos utilizadores, isto é: facultar o maior volume de informação pertinente no menor espaço de tempo útil. Apesar de não se observar uma norma rígida para a disposição dos elementos na estrutura de um resumo, convém que eles sejam registados de acordo com a estrutura do documento original. Porém, em determinados casos há exceções, como acontece no caso das ciências biomédicas em que, por questões de interesse dos seus utilizadores, o primeiro elemento a ser registado no corpo do resumo é a conclusão, ideia que é também tida em conta pelos outros autores mencionados na abordagem deste ponto, ao proporem, por uma questão de economia de tempo e sempre que estas satisfaçam o leitor, que o seu registo se faça em primeiro lugar. Esta situação verifica-se porque para estes utilizadores, na maioria dos casos não é necessário conhecerem os resultados em que se baseiam as conclusões para que elas sejam inteligíveis por quem as lê. Todavia, há informações num resumo que nunca poderão ser omissas, como é o caso da descoberta de novos dados. A não observância desta circunstância concorre inevitavelmente para a má qualidade de um resumo.

Ainda no que respeita à condensação da informação, recomendam que seja registada num único parágrafo, por forma a evitar a dispersão. Por último, relativamente à extensão do resumo, os referidos autores admitem que este não tem um número máximo de palavras. De acordo com uma média aritmética, o seu tamanho poderá redundar a um décimo do original.

Após a análise do pensamento destes três autores, concluiu-se que, de uma forma mais ou menos explícita, para eles o processo de resumir é uma operação que se desenvolve em duas fases: análise de conteúdo e sua representação (síntese).

Com base nestas ideias, passa a apresentar-se uma breve descrição sistematizada deste processo. Nela serão mencionadas as fases, os procedimentos e as fontes do documento original que se consideram privilegiados para a extração dos elementos formais e concetuais que irão constituir um resumo. Apresenta-se também um conjunto de recomendações para a sua redação, nomeadamente no que respeita ao estilo e à linguagem.

Tal como já foi referido, o processo de resumir é antes de mais, no sentido abrangente do termo, um processo de indexação, na medida em que é composto por duas fases: análise de conteúdo e sua representação, neste caso através de uma linguagem natural[297].Comungam ainda estas duas operações do mesmo objetivo geral: representar a informação contida num documento primário para a disponibilizar a quem dela necessita - acesso e recuperação da informação.

### 3.2.2.1. Extração da informação relevante de um documento

Esta fase é composta por três etapas. As duas primeiras encontram-se na norma ISO 5963(1985), no ponto 4[298], e a terceira prende-se com a síntese. Estas fases são as que se seguem:

a) Análise global do conteúdo do documento;

b) Identificação e seleção dos conceitos mais relevantes do conteúdo do documento;

c) Síntese concetual da informação selecionada.

---

[297] Relativamente a este assunto, por uma questão de precisão, importa esclarecer a seguinte ideia: o facto de considerarmos a linguagem natural para a redação de um resumo, não é sinónimo de a considerarmos uma linguagem não controlada, na aceção linguística do termo, ao contrário do que acontece na aceção documental. Tal posição prende-se com facto de se recomendar para a construção de um resumo uma terminologia caracterizada pela objetividade e um estilo linguisticamente sóbrio. Tais particularidades conferem ao resumo um tipo de linguagem "controlada".

[298] ISO 5963-1985 (F)., 4. Na introdução, esta Norma refere que é também um instrumento de apoio à análise para fins de elaboração de resumos.

A partir deste esquema pode concluir-se que a análise de conteúdo, primeira fase do processo de resumir, tem como propósito apreender de forma global o conteúdo do documento, ao mesmo tempo que identifica e seleciona as suas ideias-chave[299]. O tipo de leitura do documento original tem características distintas daquelas que normalmente tem uma leitura cujo objetivo é a apreensão de conhecimento ou, tão só, uma leitura de entretenimento, na medida em que a leitura que se efetua no contexto da elaboração de um resumo se particulariza por ser seletiva no que respeita à informação[300]; o seu propósito é construir um novo documento. Com este tipo de leitura pretende-se obter uma compreensão do conteúdo do documento, assim como do seu contexto, circunstância que concorre para que seja necessário, em muitos dos casos, efetuar-se mais do que uma. A análise baseia-se num processo dicotómico assente no binómio omissão/seleção. Este processo tem como objetivo extrair as ideias relevantes de um texto, ignorando as não relevantes. No caso concreto, selecionar os conceitos que têm valor informativo de acordo com propósito para o qual está a elaborar-se o resumo.

a) Análise global do conteúdo do documento

No que se refere à análise global do conteúdo de um documento, pode dizer-se que ela consiste numa leitura diagonal, com o objetivo de identificar a estrutura textual e a informação geral nele expressa.

Esta primeira leitura baseia-se sobretudo num processo de perceção textual, sendo importante o resumidor dominar os elementos léxico-sintáticos e semânticos da língua em que o texto se

---

[299] SIMÕES, Maria da Graça – *Classificações bibliográficas: percurso de uma teoria*. 2008. P. 52.
[300] PINTO MOLINA, Maria – *Aprendiendo a resumir: prontuario y resolución de casos*. 2005. P. 53.

encontra redigido, possuir conhecimentos gerais e específicos sobre a matéria a resumir e dominar algumas técnicas de leitura. Apenas o conhecimento destas competências permitirá ao resumidor interpretar e compreender o texto e com base em critérios de pertinência e precisão identificar as ideias principais de um documento. É um processo complexo e difícil, que tem como propósito eliminar uma parte significativa do texto, sem anular as suas ideias relevantes.

Nesta primeira etapa, a preocupação do resumidor centra-se na assimilação das ideias principais, distinguindo-as daquelas que se lhes encontram associadas; na maioria dos casos, estas últimas servem apenas para contextualizar o(s) tema(s) principais. Os elementos do documento original sobre os quais irá incidir esta operação são os que se prendem com os de natureza física e formal, aqueles que conferem a estrutura intrínseca e extrínseca a um documento, como o título, o autor, a data de publicação, a tipologia, a informação da capa e contracapa, as badanas, a bibliografia, o sumário, o resumo, a apresentação, a introdução e as conclusões; esta leitura incide sobre a mancha textual do documento considerada numa perspetiva global. Pela sua relevância salientam-se os parágrafos e os períodos.

Uma particularidade metodológica analítica a ter em conta nesta fase é o modo como devem sistematizar-se as ideias do texto. Esta leitura deve obedecer a um critério de hierarquização conceitual, pois nunca se pode perder de vista o seu objetivo que é o de identificar as ideias principais do documento, separando-as das periféricas. Como metodologia para a sua identificação e respetiva hierarquização deve partir-se das ideias mais gerais para as ideias particulares, constituindo-se um esquema metodológico concetual de estrutura hierárquica.

Relativamente à localização da ideia e/ou ideias principais no documento, elas encontram-se expressas nos elementos formais/estruturantes que foram mencionados. Por norma apresentam-se no início ou no final do texto e com frequência também no início ou final de cada capítulo. Outro indicador importante a ter em conta na sua identificação tem a ver com o facto de serem aquelas que com maior assiduidade se articulam com as outras.

Depois da leitura destes elementos, dependendo dos conhecimentos específicos do resumidor e do tipo de resumo que pretende elaborar-se, é possível atingir o objetivo geral da análise do documento – apreensão global do seu conteúdo. Além do cumprimento deste objetivo geral, outros propósitos específicos deverão ser cumpridos com base nesta leitura: a identificação das ideias secundárias do documento que, em última análise, sustentam a ideia ou as ideias principais, a identificação da estrutura do texto, as partes, os capítulos e os subcapítulos e a identificação/localização dos seguintes elementos textuais: objetivos, metodologia, discussão e conclusão. Estes elementos são segmentos capitais no processo de resumir, na medida em que configuram o conteúdo do texto original e irão configurar estruturalmente o texto do resumo.

Em determinados casos poder-se-á fazer simultaneamente a identificação de alguns conceitos que não podem ser categorizados nem nas ideias principais nem nas secundárias, mas que são essenciais para a inteligibilidade de um resumo.

Por uma questão lógica e de economia de tempo, nesta leitura poder-se-ão extrair os elementos que irão constituir a secção de referência do resumo. Embora não se observando qualquer indicação normativa para a elaboração deste segmento da estrutura do resumo, isto é, se deve ser elaborado no início ou após a composição do seu corpo, entende-se que ele deverá ser registado em primeiro lugar, devido ao facto de proporcionar uma visão geral e, por vezes, muito precisa, sobretudo no caso de o tema ser da área das ciências puras e aplicadas do assunto principal do documento objeto de resumo. Para tal contribuem sobretudo: o título, o autor e seu registo da filiação e o nome do documento hospedeiro, se for esse o caso.

A contração concetual do texto que resulta do processo dicotómico omissão/seleção ocorrida nesta primeira fase corresponde a uma redução física que, para alguns autores, normalmente se situa nos 50%[301]. Neste processo é eliminada ou reduzida uma grande parte de parágrafos e períodos do texto, mantendo-se apenas aqueles que representam informação relevante para o propósito do resumo a elaborar.

Concluída a primeira fase passa-se à segunda leitura, esta mais minuciosa; tem como objetivo selecionar de forma precisa os conceitos mais relevantes do documento.

b) Identificação e seleção dos conceitos mais relevantes

Após a determinação do tema principal do texto e das ideias secundárias segue-se uma análise mais exaustiva e específica, com o propósito de identificar e de selecionar os conceitos-chave do documento. Nesta fase processa-se uma condensação que se baseia na interpretação seletiva dos dados da contração do texto original que ocorreu na fase da apreensão global do conteúdo.

A concretização desta condensação normalmente faz-se de acordo com duas estratégias: uma que se desenvolve sob o ponto de vista estrutural e formal do próprio texto e outra sob o ponto de vista concetual do mesmo[302].

Relativamente à primeira, entre outras particularidades linguísticas deve atender-se aos parágrafos, à sintaxe e à morfologia das palavras.

Quanto aos parágrafos deve considerar-se todo o tipo de parágrafos, os extensos e os breves; porém, a metodologia aplicada para o seu tratamento é distinta. Os extensos, após uma nova

---

[301] *Idem*, p. 73.

[302] O que é descrito nestas perspetivas também é válido para a fase de identificação e seleção dos conceitos.

leitura pormenorizada, devem ser reduzidos, tendo o cuidado de não se desvirtuar ou eliminar o seu valor informativo; podem ser substituídos por outros que apresentem uma redação mais breve. Quanto aos parágrafos menos extensos, que em muitos casos apenas servem para estabelecer a ligação entre os extensos e/ou para introduzir novas ideias ou para as contextualizar, esses idealmente devem ser agrupados num parágrafo mais extenso.

No que respeita à sintaxe recomenda-se uma especial atenção à disposição das palavras nas frases e destas no discurso, pois apenas a sua articulação lógica possibilitará um significado coerente e consistente, de forma a permitir uma informação compreensível.

Quanto à morfologia das palavras, é importante dar atenção ao número, ao género dos elementos gramaticais sujeitos a estas regras, aos adjetivos, aos advérbios e aos verbos. Interessa observar o tempo e o modo em que se apresentam os verbos no discurso.

Importa ainda saber se estes se encontram na voz ativa ou na voz passiva, pois o emprego de uma ou de outra condiciona o significado do texto[303]. Ainda dentro do universo da morfologia, deve atender-se à frequência dos advérbios e dos adjetivos. Estas unidades lexicais são elementos importantes a considerar na análise, na medida em que modificam o sentido dos outros elementos gramaticais aos quais se encontram associadas; os primeiros, dos verbos, adjetivos e dos próprios advérbios, os segundos dos substantivos. Conclui-se, portanto, que a frequência do seu uso poderá alterar o sentido do discurso, devido ao facto de estas unidades gramaticais modificarem os elementos mais relevantes da construção de uma frase. Por isso, recomenda-se uma análise morfológica e sintática pormenorizada destes elementos. Destaca-se ainda que, quer os verbos, quer os adjetivos (em especial os qualificativos) e advérbios

---

[303] No caso do emprego da voz ativa o sujeito é considerado o agente da ação, enquanto no caso da voz passiva o sujeito é considerado o que sofre a ação.

são indicadores semânticos altamente significativos neste processo. No que respeita aos verbos, devem ter-se em atenção, sobretudo aqueles que manifestam ações que reforçam os acontecimentos aos quais se referem, como é o caso dos verbos destacar, evidenciar, realçar, ressaltar, salientar, etc. No que se refere aos advérbios e adjetivos recomenda-se especial atenção para aqueles que introduzem e/ou manifestam noções que traduzem determinados atributos valorativos, assim como de relevância e de importância; é o caso dos adjetivos e advérbios: bom, mau, interessante, de preferência, em especial, nomeadamente, particularmente e sobretudo.

No que respeita ao ponto de vista concetual, este aspeto pode ser influenciado por um conjunto de elementos textuais. Com o objetivo de se proceder a uma boa prática de análise, devem ser considerados outros recursos gráficos atribuídos à escrita, como é o caso da pontuação. Os sinais de pontuação servem para conferir lógica e consistência concetual a um documento, na medida em que atribuem ao texto pausas e entoações. É através deste expediente que se expressa o ritmo textual, que permite salientar as particularidades semânticas de um texto. Por isso, a sua inexistência ou uma má prática do seu uso provocará interpretações deficientes do conteúdo de um documento. Devido a este facto, sugere-se uma atenção minuciosa à pontuação, em especial ao modo como ela é usada.

No que se refere à análise entendida sob o ponto de vista semântico, recomenda-se o exame minucioso de três elementos textuais: a palavra, a frase e o parágrafo[304]. Assim, para que esta prática metodológica se concretize com eficácia é necessário refletir sobre qual o seu propósito no texto. Quanto às palavras, interessa verificar se se encontram registadas no sentido literal ou no

---

[304] PINTO MOLINA, Maria – *Aprendiendo a resumir: prontuario y resolución de casos*. 2005. P. 56-58.

sentido figurado. Se se encontrarem no figurado é necessário refletir e indagar, por um lado sobre o significado que assumem nesse contexto, por outro tentar compreender qual a interpretação que o autor pretende com a sua aplicação. Não atender a estas particularidades interpretativas será o caminho para a incompreensão do texto, isto é da mensagem do autor[305]. Interessa, também estar atento às figuras de estilo, recurso utilizado sobretudo na literatura, para se atingir uma determinada interpretação. O seu uso de forma deliberada, na maioria das situações, afasta o leitor de uma interpretação objetiva do texto.

No que respeita às palavras, unidade textual mais exígua de um texto, apenas em casos justificados se devem ler individualmente. Fazê-lo, na maioria dos casos concorrerá inevitavelmente para a perda da sua pertinência informativa. Nos casos excecionais em que esta situação ocorre, só devem ser selecionadas aquelas que têm um valor informativo, devendo ser eliminadas todas as outras que na maioria das situações servem apenas para estabelecer relações sintáticas e, deste modo, apoiarem e enfatizarem aquelas que traduzem informação relevante. As palavras que atribuem valor informativo ao discurso são, segundo Pinto Molina[306], geralmente aquelas que no vocabulário pátrio de uma língua são consideradas nodais, assim como as palavras que pertencem e identificam um determinado discurso temático especializado, afirmação com a qual concordamos.

No que respeita à frase ela é o elemento textual mais relevante de um documento, sendo classificada de acordo com a sua função. Assim, e ainda de acordo com Pinto Molina[307], as

---

[305] Estas particularidades de interpretação não se observam nos textos científicos, são apanágio de textos literários ou de outras áreas das Humanidades.

[306] *Idem*, p. 57.

[307] *Ibidem*.

frases podem ser tipificadas em três categorias: as estruturais, as circunstanciais e as estilísticas. As primeiras não podem ser eliminadas pois, tal como se depreende da sua designação, têm como função conferir sentido ao texto. Nelas condensa-se a informação mais relevante do texto, não podendo ser substituídas nem omitidas da análise concorrendo a não observância deste procedimento para pôr em risco toda a inteligibilidade textual. As frases são o eixo concetual de maior relevância num texto, por este facto, as que apresentam informação mais relevante deverão ser selecionadas para um resumo. Quanto às frases circunstanciais, tal como o próprio nome induz, servem para contextualizar os conteúdos das frases estruturais, a sua supressão do texto não provoca distorções semânticas, não devendo o conteúdo deste tipo de frases ser contemplado nos resumos. O mesmo acontece com as frases estilísticas, na maioria dos casos construídas por figuras de estilo que apenas servem para embelezar o texto ou levar a interpretações subjetivas do conteúdo, concorrendo para a parca ou inexistente objetividade concetual.

Os parágrafos são elementos textuais que devem ser muito considerados, na medida em que e, de acordo com Cremmins[308], eles são uma fonte potencial de informação pertinente para um resumo, sobretudo as primeiras e últimas frases que os constituem.

Tal como acontece no caso das frases e, de acordo com o propósito que assumem no texto, também os parágrafos são de tipos distintos. Podem identificar-se três tipos de parágrafos: os que expõem a matéria abordada no estudo, os que descrevem a matéria de estudo e os que relacionam ideias. Os primeiros são constituidos pelas primeiras e últimas frases que compõem o texto. Nas primeiras encontra-se quase sempre a ideia geral do tema e as últimas condensam os resultados e as conclusões do estudo. Dado o

---

[308] CREMMINS, Edward T. – *The art of abstracting*. 1982. P. 16.

seu propósito, a informação que contêm é de fácil compreensão, sendo, por isso, um recurso textual importante para selecionar informação pertinente para a elaboração dos resumos. Os segundos, aqueles que se dedicam a descrever o contexto no qual se enquadra e desenvolve o tema abordado, têm como função tornar mais inteligível o estudo. Apesar de estes parágrafos não apresentarem matéria que se considere pertinente para a elaboração de resumos, são de grande valia para os resumidores quando eles não dominam a matéria abordada ou têm pouca experiência, porque lhes facultam uma maior compreensão dos temas. O terceiro tipo de parágrafos a considerar na análise são os que têm como função relacionar as ideias principais que foram abordadas no parágrafo anterior com o que se segue; este tipo de parágrafos é muito importante na medida em que apresenta uma síntese da matéria mais relevante. Em última análise, pode referir-se que os parágrafos, independentemente do papel que assumam no texto, são um recurso textual de extrema relevância para a seleção dos conceitos que irão ser objeto de um resumo.

Como podemos intuir da segunda leitura – processo de identificação e seleção dos conceitos, dela irá resultar uma redução substancial dos dados que já resultaram da primeira – apreensão global do conteúdo de um documento.

c) Síntese concetual da informação selecionada

Após a análise do documento proceder-se-á à sua síntese concetual com vista à construção mental de um novo texto e à sua posterior verificação.

A construção concetual do resumo baseia-se na informação relevante que resulta de uma seleção efetuada entre informação acidental e informação substancial. Esta fase consiste em organizar essa informação num esquema concetual lógico, por forma a permitir construir graficamente um texto estruturalmente consistente, que forneça a quem o consulta num formato reduzido uma visualização conjunta e rápida do conteúdo do texto original – o resumo. Para se atingir este propósito compete ao resumidor usar todas as suas capacidades técnicas, cognitivas e pessoais[309] para que, de forma criteriosa, possa sem atropelos semânticos articular, substituir, eliminar, enfim, construir um novo texto que identifique e localize o conteúdo de um documento original e que permita também a sua posterior recuperação.

Deste modo e, em primeiro lugar, deve considerar-se a ideia principal do documento original. Esta poderá ser representada por um termo simples ou por um termo composto, pois em muitos casos haverá necessidade de recorrer por exemplo a preposições. A ideia principal deverá encontrar-se associada mentalmente com outros conceitos mais específicos e secundários, noções que a irão conformar e, deste modo, dar um corpo consistente ao resumo. Desta forma, as ideias secundárias encontram-se articuladas não só com a ideia principal, como relacionadas entre si, originando uma teia conceitual. Na hierarquização dos conceitos deve partir-se da ideia principal para as secundárias e das ideias abstratas para as ideias concretas. Todos os conceitos devem encontrar-se relacionados entre si semanticamente, de modo a não desvirtuar o enquadramento discursivo que assumem no texto original. O facto de estes esquemas apresentarem uma cartografia conceitual elaborada através de gráficos permite, em determinadas situações, uma maior inteligibilidade do texto que, por vezes, poderá substituir, com sucesso, outras técnicas metodológicas usadas na construção de resumos como, por exemplo, as anotações.

---

[309] Entre outras competências é pertinente saber distinguir a informação principal da acessória (seleção) a capacidade de síntese e de abstração.

## Recomendações metodológicas de apoio à extração dos conceitos

Com o intuito de complementar as etapas referidas: a apreensão global do conteúdo de um documento, a identificação e seleção dos conceitos e a síntese concetual, passa a apresentar-se um conjunto de recomendações metodológicas de natureza prática, que se entendem ser uma mais-valia para o desenvolvimento das referidas etapas. São as seguintes:

• Construir uma grelha de análise[310] que permita interrogar o documento. Na sua construção recomenda-se que se adeque às especificidades das matérias a analisar. Para que possam ser aplicadas a um maior número de casos, as perguntas que a constituem devem apresentar o maior nível de generalidade e abstração que seja possível. A título de exemplo apresenta-se um conjunto de questões possíveis para constituir a grelha de análise.

√ Quem é o autor?
√ Em que tipologia se insere a obra?
√ A que época se refere e quando foi publicada?
√ Qual o tema principal e o secundário?
√ Qual o seu objetivo?
√ Qual foi a motivação do autor ao produzi-la?
√ A quem se destina?

Outros expedientes metodológicos de apoio à identificação das ideias relevantes do documento são:

• Sublinhar as ideias relevantes e todos os pormenores importantes[311];

---

[310] A Norma ISO 5963-1985 chama-lhe grelha de identificação de conceitos, 6.1.

[311] Para distinguir as ideias principais dos pormenores relevantes, por uma questão prática, poder-se-á sublinhar as primeiras com um traço na horizontal

- Proceder ao registo de notas relativas ao conteúdo do texto (registá-las entre chavetas, recorrer a setas...);
- Agrupar as ideias principais e toda a informação relevante, atribuindo-lhes títulos e subtítulos, caso se justifique;
- Consultar dicionários gerais, temáticos e outras obras de referência;
- Considerar todo o material gráfico, como tabelas, desenhos, imagens, diagramas e outros elementos desta natureza;
- Considerar a análise dos anexos e apêndices que acompanham o texto, pois estes elementos poderão facilitar a sua compreensão;
- Atender às palavras e/ou expressões do texto que denunciem as ideias relevantes, como as que introduzem a conclusão; entre outras destacam-se, a título de exemplo, as seguintes: em síntese, em conclusão e em última análise. Atender às palavras ou expressões que revelem o contraditório, como as que passam a registar-se: pelo contrário, no entanto, ainda que, todavia e contudo[312];
- Considerar as expressões que manifestem juízos de valores tanto valorativos como depreciativos. Entre outras destacam-se as seguintes: acreditamos, recomendamos, sugerimos, inaceitável e desproposado;
- Evitar transcrições de excertos do texto original;
- Omitir toda a informação sobejamente conhecida;
- Agrupar parágrafos sempre que se justifique;
- Construir esquemas concetuais.

---

e as segundas com um traço na vertical, ou proceder inversamente. Recomenda-se que apenas se sublinhe o texto na identificação e seleção dos conceitos. Este processo revela-se de uma importância extrema, pois será esta informação que irá constituir o resumo.

[312] PINTO MOLINA, Maria – *Aprendiendo a resumir: prontuario y resolución de casos*. 2005. P. 52.

Depois da reorganização concetual da informação passa-se à segunda etapa da síntese, que consiste em reler este esquema concetual com o propósito de o refinar através de um processo de filtramento e depuração de ideias[313], de acordo com os objetivos do resumo e do próprio texto original.

Após a conclusão deste processo concetual desenvolvida ao longo do ponto (3.2.2.1) – Extração da informação relevante de um documento, segue-se a fase da representação, que se traduz na composição do resumo através da linguagem natural[314]; nela dar-se-á um particular destaque à terminologia, ao estilo, à extensão e à apresentação do resumo.

### 3.2.3. Redação do resumo: terminologia, estilo, extensão e apresentação

Depois da elaboração do esboço concetual, que pode designar-se mapa concetual, passa-se à redação do resumo, atendendo-se sobretudo aos quatro segmentos mencionados.

Sobre a redação[315] com a finalidade de se construir um resumo pautado por um discurso objetivo, preciso e breve, seguir-se-ão as normas internacionais mencionadas de forma dispersa ao longo do texto, assim como o conjunto de recomendações que alguns autores indicam para este procedimento e que o resumidor deverá

---

[313] CREMMINS, Edward T. – *The art of abstracting*. 1982. P. 17.
[314] CLEVELAND, Donald B.; CLEVELAND, Ana D. – *Introduction to indexing and abstracting*. 2001. P. 115.
[315] ROWLEY, Jennifer E. – *Abstracting and indexing*. 1982. P. 22-25; PINTO MOLINA, Maria – *Aprendiendo a resumir: prontuario y resolución de casos*. 2005. P. 66; BORKO, Harold; BERNIER, Charles L. – *Abstracting concepts and methods*. 1975. P. 69-70; MAIZEL, Robert E.; SMITH, Julian F.; SINGER, T. E. R. – *Abstracting scientific and technical literature: an introductory guide and text for scientists, abstractors, and management*. 1971. P. 78-91; ANSI Z39.14-2009, 7; ISO 214-1976 (F), 5.

ter presentes quando redige o resumo. De modo geral, os autores são unânimes quando afirmam que os quatro segmentos referidos dependem, entre outros fatores, da natureza do documento original. A este propósito, Rowley[316] afirma que a extensão do documento original, o teor do assunto abordado, a língua em que se encontra escrito, a disponibilidade, o estilo e a terminologia usada pelo autor são capitais neste processo. Esta ideia converge para um nível de subjetividade muito significativo no que respeita à redação de um resumo. A subjetividade que pautou todo o processo concetual é também observada na fase da representação das ideias, que concorre para que, também nesta fase, não seja possível apresentar um conjunto de regras fixas para regular a terminologia e o estilo usados na elaboração de um resumo, assim como determinar *a priori* a sua extensão. Face a esta situação é importante que se estabeleçam princípios e recomendações que sirvam de apoio à redação, por forma a que o resumo resulte num produto documental coerente e o mais uniforme possível no que respeita à estrutura e ao discurso.

Quem redige um resumo deverá ter sempre presentes dois princípios: que é uma unidade concetual que representa o conteúdo de um documento original; que é um texto breve, preciso, acurado e fiel relativamente ao original. Por isso, toda e qualquer redação deve ser pensada dando forma a estes propósitos. Para a concretização do primeiro princípio, na construção de um resumo deve recorrer-se à interligação de ideias e não à sua enumeração avulsa, para que o texto seja uma sequência de frases breves, articuladas entre si e saturadas de valor informativo pertinente aos propósitos do tipo de resumo a elaborar e à mensagem do texto original. Para garantir a fidelidade das ideias do autor devem evitar-se apreciações pessoais ou de qualquer tipo de natureza

---

[316] ROWLEY, Jennifer E. – *Abstracting and indexing*. 1982. P. 22.

subjetiva[317]. Para a concretização do segundo princípio, um resumo deve evidenciar os pontos-chave do texto quanto ao seu conteúdo, que são: os objetivos, o método, os resultados e as conclusões, fazendo-o numa linguagem clara e sob uma forma sucinta. Para tal deve eleger-se uma terminologia e um estilo adequados. Os pontos que se seguem apresentam um conjunto de recomendações para atingir estes objetivos.

a) Terminologia

A terminologia deverá caracterizar-se pela coerência e pela consistência. Deverá usar-se um vocabulário que permita uma apresentação simples, clara, precisa e objetiva do tema. Para tal, recomenda-se a utilização de um tipo de linguagem denotativa que permita, além da apresentação lógica e ordenada das ideias, expressar com consistência e coerência a estrutura dos conteúdos respeitando o texto original. Idealmente, a terminologia usada no resumo deverá ser semelhante àquela que é empregue no texto original. A clareza e a precisão, duas das características principais de um resumo, apenas serão conseguidas se forem evitados termos rebuscados e exuberantes e termos ambíguos, suscetíveis de conduzir a duas leituras. Cada palavra deverá expressar exatamente o que se pretende transmitir (um termo uma ideia) – precisão. Para que tal seja possível, devem evitar-se termos e expressões desnecessários que concorram para informações irrelevantes e redundantes.

b) Estilo

O estilo usado no resumo deve ser fluído, de forma a permitir uma abordagem lógica, direta, objetiva e simples das ideias, devendo

---

[317] Tal situação não se aplica aos resumos críticos pois, dada a sua natureza, estas observações são uma das suas características.

expressar o equilíbrio concetual do texto original. Para que esse equilíbrio seja evidente, um resumo deverá ser, idealmente, redigido num único parágrafo, mesmo no caso dos resumos estruturados, em que geralmente é utilizado um parágrafo para cada item. Para contornar essa prática pode recorrer-se a etiquetas associadas aos respetivos itens (introdução, objetivos...). Podem ser assinaladas a negrito ou a itálico. Sempre que for possível, devem usar-se frases completas, de preferência as primeiras, devem começar por verbos e não pela menção do tipo do documento original, como por exemplo: *Este artigo...; esta comunicação...* O facto de os períodos de um resumo começarem por um verbo assume particular importância na sua compreensão, especialmente se o resumo tiver uma apresentação em texto livre; isto porque os verbos denunciam de um modo muito claro as componentes estruturais de um resumo funcionando neste contexto como as etiquetas de um resumo estruturado, como por exemplo: *demonstra-se; investiga--se... (objetivos); utilizam-se; recorre-se... (metodologia); obteve-se; alcançou-se... resultados); os resultados apontam para...; conclui-se que... (conclusão).* Como já foi referido, o uso da voz ativa deverá ser preferido relativamente à voz passiva, assim como da forma impessoal na sua conjugação. No resumo devem ser evitadas as figuras de estilo, quer no que respeita à sintaxe, à semântica ou as que se encontram associadas às próprias palavras[318]. Para um discurso sóbrio contribui ainda o uso de um vocabulário conhecido; deste modo, o recurso a abreviaturas, a siglas e os acrónimos deverá ser o estritamente necessário, e apenas quando são amplamente

---

[318] As figuras de estilo relacionadas com a sintaxe são aquelas que se encontram na composição das frases; a sua particularidade num discurso consiste na alteração da construção gramatical, como por exemplo a anáfora. As figuras de estilo ligadas à semântica são aquelas que se encontram relacionadas com as ideias consideradas e que, por esse facto, alteram o seu sentido, como por exemplo a hipérbole. As figuras de estilo que se encontram relacionadas com as palavras têm a função de alterar o sentido das mesmas, como por exemplo a metáfora.

reconhecidos; nos casos em que esta situação não ocorra a primeira vez que for usado um expediente desta natureza ele deverá ser explicado[319]. A aplicação de uma pontuação assertiva é capital para a inteligibilidade de um resumo. A escrita deve ser uniforme, devendo ser usadas as mesmas formas gramaticais, nomeadamente quanto ao número e ao género dos substantivos. Outra recomendação a considerar para a fluidez do resumo é a ausência de notas de rodapé ou outros expedientes linguísticos que quebrem a espontaneidade do discurso.

Por último refere-se a imparcialidade do discurso. Este deve apresentar o conteúdo do texto original sem comentários ou qualquer tipo de expressão que denuncie o ponto de vista do autor do resumo.

c) Extensão

No que respeita à extensão e apresentação do resumo, a maioria dos autores[320] citados ao longo deste estudo, assim como as normas internacionais[321], também citadas, fazem-lhes referência. Embora não se observando em nenhum dos autores um limite exato para o número de palavras que deve conter, de um modo geral existe a concordância de que ele depende da dimensão e da tipologia do documento original, como é o caso de uma monografia, um artigo... etc.[322].

---

[319] ROWLEY, Jennifer E. – *Abstracting and indexing*. 1982. P. 24.

[320] ROWLEY, Jennifer E. – *Abstracting and indexing*. 1982. P. 21-22; BORKO, Harold; BERNIER, Charles L. – *Abstracting concepts and methods*. 1975. P. 69.

[321] ANSI Z39.14-2009, 7; ISO 214-1976, 5.

[322] A este propósito, Pinto Molina, na obra *Análisis Documental: fundamentos y procedimentos*. 1993. P. 186-187 refere um número provável de palavras para cada tipo de resumo: resumo informativo (entre 100 a 200 palavras), resumo indicativo (por volta de 50 palavras) e resumo analítico (até 500 palavras).

A título de exemplo apresenta-se uma figura na qual é expressa a extensão de um resumo articulada com a tipologia de um documento, tal como refere a Norma ANSI/NISO Z39.14-1997.

| Tipo de documento | Extensão (Nº de palavras) |
|---|---|
| Artigos e Artigos e partes de monografias | 250 |
| Notas e comunicações breves | 100 |
| Cartas ao editor e newsletter | 30 |
| Monografias e teses | 300 |

Figura 29: Extensão de um resumo

d) Apresentação

No que respeita a este item recomenda-se que um resumo, independentemente da apresentação em texto livre ou estruturado, salvo raras exceções, deverá apenas ser constituído por um único parágrafo, composto por frases breves, completas e redigidas com terminologia precisa, que traduza os conteúdos de modo coerente e sem ambiguidade semântica.

### 3.2.4. Aferição da qualidade do resumo documental

O principal objetivo de um serviço de informação é proporcionar produtos consistentes que satisfaçam os requisitos dos utilizadores num determinado contexto, e preencham as especificações e os requisitos das normativas em que se baseiam. Para se atingir este propósito interessa que os profissionais da informação os produzam de acordo com os mais elevados níveis de exigência no que se refere aos padrões de qualidade, pois apenas deste modo se poderá garantir a consulta e a satisfação das necessidades de informação de quem a procura. Estes padrões de excelência devem manter-se no que respeita à sua divulgação e ao modo como são acedidos e recuperados. Só a satisfação plena dos utilizadores, no que se refere a este aspeto poderá credibilizar os serviços de informação, no caso concreto o dos resumos. Esta exigência insere-se num contexto mais generalizado que se encontra presente nos conceitos de controlo de qualidade, garantia de qualidade e *Total Quality Management* (TQM), que incide no fomento de uma cultura de melhoria contínua dos serviços como um todo, com o propósito da satisfação plena dos clientes. Este conceito surgido em finais dos anos 80, desenvolveu-se na década de 90 vindo a ser formalizado nas normas ISO 9000 e ISO 9001, normas que apresentam um conjunto de intenções preventivas formalizadas num articulado de processos funcionais e orientações técnicas cujo objetivo se centra em garantir e padronizar um serviço ou um produto com vista a assegurar níveis excelentes de qualidade.

Tal como acontece no geral, quando se refere o conceito qualidade entendido no âmbito alargado de mensurar serviços e produtos, processo que implica um vasto conjunto de requisitos definidos em termos de variáveis, também na avaliação da qualidade dos resumos se observa um processo idêntico. Como pôde verificar-se ao longo deste processo um resumo é um produto complexo, resultado de uma operação também complexa, que implica uma articulação de um conjunto de fatores internos e externos, uma vezes similares entre si, outras heterogéneos. Face à intrínseca e estreita teia de elementos que envolvem o resumo, seja perspetivado na faceta de produto ou na de processo (ato de resumir), é um risco afirmar que pode avaliar-se a qualidade de qualquer um destes segmentos isoladamente, dado que eles constituem uma unidade dinâmica. Por isso, no processo de avaliação da qualidade de um resumo terá de ser considerada a dicotomia produto/processo, na medida em que o processo condiciona o produto e o produto também condiciona o próprio processo, como foi observado ao longo deste estudo.

Nesta breve súmula sobre a aferição da qualidade de resumos não é nosso propósito apresentar as diversas abordagens metodológicos de natureza qualitativa e/ou quantitativa que foram sendo aplicadas e desenvolvidas no âmbito da sua avaliação a partir dos anos 50, assentes em distintas técnicas e modelos teóricos, de entre os quais se salientam os linguísticos, o da análise do discurso centrada na análise de texto, os psicocognitivos e os da sociologia interrelacional[323] que, ao longo destas últimas duas décadas, se foram desenvolvendo de forma muito célere graças à aplicação das novas tecnologias.

Neste sentido, pretende-se apenas apresentar um conjunto de indicadores que, entre outros, são suscetíveis de serem considerados na avaliação deste documento secundário, seja ele produto de um texto original desenvolvido a partir de uma abordagem metodológica quantitativa ou qualitativa. Estes indicadores encontram-se articulados e identificam-se com as características e funções de um resumo e que, por esse facto, se consideram elementos credíveis para a sua avaliação:

- Ser breve [Registar a informação estritamente necessária];
- Ser objetivo [Registar a informação sem erros de conteúdo e/ou formais];
- Ser exaustivo [Considerar de forma acurada a informação pertinente];
- Ser seletivo [Registar apenas a informação que esteja de acordo com os seus propósitos, o essencial];

---

[323] IZQUIERDO ALONSO, Mónica; MORENO FERNÁNDEZ, Luis Miguel – *El resumen documental: un reto didáctico*. 2009. P. 63-70. PINTO MOLINA, Maria - *Aprendiendo a resumir: prontuario y resolución de casos*. 2005. P. 67.

- Ser fiel à mensagem ao texto original [Registar a informação sem incluir os juízos de valor de quem o elabora];
- Ser pertinente [Responder às necessidades para que foi criado];
- Ser coerente [Articular entre si os elementos que o compõem de modo a constituírem uma unidade semântica e formal com sentido];
- Ser autónomo [Identificar por si próprio o texto original].

# CAPÍTULO IV

## O RESUMO DOCUMENTAL RELATIVAMENTE A OUTROS RECURSOS DOCUMENTAIS

## RESUMO DOCUMENTAL: O CATÁLOGO ALFABÉTICO DE ASSUNTOS E O CATÁLOGO SISTEMÁTICO

Neste ponto pretende apresentar-se uma visão geral entre o resumo documental e outros recursos documentais, em particular entre este e o catálogo alfabético de assuntos e o catálogo sistemático.

O facto de se terem privilegiado estes dois recursos prende-se com a circunstância de os três serem produtos de operações muito similares e terem funções também idênticas.

De um modo geral, quando se fala em resumos documentais mentalmente associam-se à indexação, no seu aspeto restrito, e à classificação, por estas duas operações, tal como eles, serem produtos de um processo de análise e de síntese, e por os três recursos terem como função representar a informação com o objetivo de se aceder a ela e recuperá-la de forma pertinente e célere. Pesem embora estas similitudes na sua conceção e nos seus objetivos, elas apresentam também divergências. Nos pontos que se seguem apresenta-se uma breve análise comparativa entre os recursos considerados, destacando os pontos de afinidade e de divergência observados entre eles.

### 4.1. Afinidade entre o resumo documental, o catálogo alfabético de assuntos e o catálogo sistemático

A grande afinidade que existe entre a operação de indexar, a de classificar e a de resumir prende-se com o facto de delas resultarem produtos que têm como propósito a divulgação e recuperação da informação: o catálogo alfabético de assuntos, o catálogo sistemático e os resumos. Através destes instrumentos o utilizador pode tomar conhecimento de um documento primário e recuperá-lo por assunto de modo pertinente. A observância desta situação tem a ver com o facto de estas operações assentarem em processos que são pautados por um conjunto de princípios, recomendações e normas que vão no sentido da uniformidade e harmonização da informação, circunstância que concorre para a relevância e precisão dos resultados no momento da pesquisa, objetivo que é comum aos três recursos mencionados.

Além destas ferramentas documentais apresentarem este propósito comum e serem o recurso privilegiado no que respeita à pesquisa de um documento por assunto, apresentam ainda outras características comuns, algumas das quais passam a sistematizar-se:

a) Construções – Elaboram-se através de um processo de análise/síntese.

b) Representação do conteúdo – Apresentam o conteúdo informativo de um documento de uma forma breve e precisa relativamente ao original e com o intuito de o utilizador determinar a pertinência da consulta do documento.

c) Pontos intermediários – São pontos de acesso por assunto para o documento original, considerando-se pontos intermediários entre o utilizador e o documento.

d) Identificação e localização da informação – Permitem a identificação e a localização da informação por assunto, com vista à sua eventual seleção por parte do utilizador.

e) Tipologia – São documentos secundários, na medida em que a sua construção pressupõe um documento base.

f) Alerta para um documento primário – Antecipam a consulta do documento original, devido ao facto de o utilizador tomar conhecimento deste em primeira mão através de um catálogo ou de um resumo.

## 4.2. Divergências entre o resumo documental, o catálogo alfabético de assuntos e o catálogo sistemático

Entre outras podem observar-se as seguintes diferenças entre estes recursos documentais:

a) Formatos – Representam a informação em formatos diferentes. O catálogo alfabético de assuntos e o catálogo sistemático apresentam-na sob a forma de pistas, os resumos apresentam-na de forma desenvolvida.

b) Densidade da informação – A que expõem é muito diferente. O catálogo alfabético de assuntos e o catálogo sistemático apresentam elevados níveis de densidade face aos resumos. Tal circunstância decorre do facto de cada um dos processos apresentar algumas diferenças, devido aos objetivos específicos de cada um destes instrumentos serem também diferentes. Acresce ainda a circunstância de usarem linguagens diferentes para representar a informação.

c) Linguagem – A linguagem que o catálogo alfabético de assuntos e o sistemático usam geralmente é controlada (Listas de encabeçamentos de matérias, tesauros e sistemas de classificação) ao contrário dos resumos, que usam uma linguagem natural. Sempre que os referidos catálogos usam termos simples não existe sintaxe. Quando ela existe, no caso do emprego de termos compostos, apresenta-se pouco desenvolvida se comparada com a que é observada num resumo.

No resumo os termos encontram-se vinculados através de uma sintaxe consistente e coerente.[324] Por isso, pode afirmar-se que o resumo é o meio de representação e divulgação da informação que apresenta um conteúdo informativo mais completo e estruturado de um original.

d) Grau de autonomia – Face ao documento original o resumo apresenta um grau de autonomia concetual mais elevado do que os outros recursos mencionados. Em determinados casos o nível de autonomia que manifesta é tão elevado que pode substituir a leitura do documento original.[325]

e) Nível de exaustividade da informação – Relativamente ao catálogo alfabético de assuntos e sistemático, o resumo é aquele que representa a informação mais completa. Entre outros fatores que contribuem para esta situação salientam-se as normativas discursivas e gramaticais utilizadas na sua composição, o que concorre para que ele seja como um novo texto independente do original, porém sempre vinculado a este.

f) Nível de dependência – Enquanto os processos de indexação e de classificação podem desenvolver-se através de um resumo, o contrário é impossível. Dependendo da tipologia de um resumo e da sua qualidade, em diversas situações, nomeadamente quando os resumos se circunscrevem às áreas das ciências puras e aplicadas, pode indexar-se e classificar-se o documento original a partir do seu resumo. A tal propósito, Izquierdo Alonso refere o seguinte: *Parece obvio que el resumen sea, como legítima transformación sintética, el documento más idóneo para llevar a cabo la indización, la cual*

---

[324] IZQUIERDO ALONSO, Mónica; MORENO FERNÁNDEZ, Luis Miguel – *El resumen documental: un reto didáctico*. 2009. P. 20.

[325] LANCASTER, F. W. – *Indexing and abstracting in theory and practice*, 1991. P. 89.

*dará como resultado unas palabras claves relevantes y pertinentes al haber sido extraídas de un contexto sin ambigüedades.*

Com base nesta exposição, e partindo essencialmente das diferenças que estes tipos de documentos apresentam entre si, pode inferir-se que estes recursos documentais se complementam. Ao mesmo tempo, e pelas razões aduzidas neste ponto, pode afirmar-se que o resumo é dos três recursos, também o instrumento de representação mais completo e inequívoco do ponto de vista semântico. Para isso contribui, entre outros fatores, o facto de apresentar uma estrutura lógica e linguisticamente consistente. Desta ideia comunga Pinto Molina, quando refere o seguinte:

> El concepto de filtración de la información engloba un conjunto de estrategias y técnicas documentales que permiten sintetizar el contenido esencial de los documentos originales y representarlo mediante mapas, sumarios, palabras claves, resúmenes… De todos ellos prestaremos especial atención al resumen, que es el producto más completo no solo desde el punto de vista representativo, sino también desde la perspectiva del aprendizaje significativo.

## CONSIDERAÇÕES FINAIS

A partir do estudo efetuado, a primeira conclusão a reter prende-se com o facto de o resumo documental assumir, desde sempre, uma posição de charneira no que respeita à representação, à difusão e ao acesso à informação científica. Outro ponto estritamente relacionado com esta conclusão tem a ver com a circunstância de o resumo ser um elemento imprescindível no que respeita à produção e ao consumo do conhecimento científico, em particular em áreas sensíveis como é o caso das ciências da Saúde, área na qual, de resto, mais se desenvolveu essencialmente no que se refere à sua estrutura.

Neste sentido, infere-se que o resumo se assumiu, desde sempre, como um meio de veicular informação e conhecimento. Num primeiro momento ainda num estado embrionário e num contexto que se caracteriza por um tipo de conhecimento desprovido de sistematização teórica e de bases empíricas sólidas; num segundo momento, que se estende desde a emergência da Ciência moderna até à atualidade, em que se formaliza e instituiu como recurso privilegiado de mediação entre a produção científica e o utilizador. No que respeita a este último estádio, pelas alterações ocorridas nas estruturas culturais, mentais e pela inovação tecnológica, interessa destacar no seu percurso dois tempos: um que corresponde ao suporte impresso, no qual o resumo se desenvolveu e cresceu a par dos avanços científicos e da literatura científica. Fazem parte deste período as revistas científicas, as revistas de resumos e os primeiros serviços de resumos. Depois, num segundo tempo, na segunda metade do século XX, em que o resumo surge associado ao suporte digital. É nesta fase que atinge a maturidade e se consolida, tal como acontece com a literatura científica. É também neste ambiente caracterizado pelo vulnerável e intangível que se fortifica ao ponto de ser na atualidade considerado como um dos meios mais eficientes na divulgação do conhecimento das áreas de Ciência, Tecnologia e Saúde (STM), com especial relevo para as revistas da área da Saúde. Para tal contribuíram as suas particularidades quase paradoxais, como é o facto de ser um texto condensado, breve e objetivo, porém exaustivo e completo. É no ambiente de acesso aberto que o resumo assume a sua principal função, a de selecionar os documentos no caudal imenso de informação, particularidade deste tipo de ambiente. Deste modo pode afirmar-se que o resumo é, neste contexto, uma necessidade premente para produtores e consumidores da literatura científica, que necessitam de informação atualizada e precisa, entre os quais destacam-se os das áreas Tecnológicas e da Saúde. Não é apenas neste ambiente que o resumo é fundamental, é-o também e simultaneamente no ambiente digital de acesso restrito. Nesta circunstância ele assume uma outra função que lhe é também endógena, a de substituir, em determinados casos, o documento primário. Por vezes os preços excessivos a pagar para se aceder a um documento na íntegra, disponível em bases de dados restritas concorrem para que o resumo seja um valioso recurso ao acesso do documento original. Tal facto converge, não só para maiores índices de produtividade e qualidade da produção científica, mas também para uma maior democratização ao acesso deste tipo de literatura.

No que se refere ao acesso à informação, independentemente dos ambientes em que se considere este recurso documental, ele apresenta sempre o mesmo propósito: proporcionar um acesso pertinente e preciso à informação científica.

Uma outra conclusão a reter deste trabalho é o facto de o resumo apresentar um potencial que não se esgota na divulgação e no acesso à informação, na medida em que é um elemento que assume uma importância capital no que respeita à avaliação de trabalhos científicos, como por exemplo à submissão de comunicações a congressos científicos e de artigos a revistas científicas. O facto de o resumo refletir a estrutura e os conteúdos substanciais de um determinado estudo contribui para que o avaliador se aperceba das incorreções desse texto. Por último, interessa salientar a importância que assume na indexação dos documentos disponibilizados em bases de dados. As palavras-chave que o constituem são por excelência os melhores indicadores concetuais de um trabalho científico e, por isso mesmo, pistas muito consideradas para a recuperação de documentos indexados sobre esses assuntos, assim como outros documentos semanticamente associados, dependendo da arquitetura das bases de dados.

Num segmento de âmbito mais formal, conclui-se ainda que, dada a sua complexidade, o resumo não se pode conceber como um modelo homogéneo e estático da condensação da informação, na medida em que representa diversas realidades, encontrando-se a sua elaboração condicionada, essencialmente, pelo perfil do documento base e pelas necessidades de quem o procura. Face a esta dinâmica os resumos não assumem nem a mesma estrutura nem a mesma tipologia, como se pode observar neste estudo.

A concluir estas breves considerações gerais, interessa ainda referir que um resumo de qualidade é a chave para resultados excelentes na recuperação e no acesso à informação, em especial no que respeita à informação científica. Por isso é essencial que a sua elaboração seja alicerçada em normas próprias para esse efeito, assim como em princípios que uniformizem práticas (análise e representação concetual) de forma a consolidar a sua estrutura e os seus conteúdos, ideia geral que se manifesta na segunda parte deste trabalho.

Pelo exposto, pode afirmar-se de forma inequívoca que o resumo é um dos recursos de excelência na difusão e acesso ao conhecimento científico, ao mesmo tempo que é indissociável da literatura científica.

## BIBLIOGRAFIA

AMERICAN CHEMICAL SOCIETY – *CAS History*. [Em linha]. [Consult. 06 de ago. 2012]. Disponível em www:<URL:http://www.cas.org/about-cas/cas-history>.

ABSTRACTS AND ABSTRACTING. In *Enciclopedia of library and information science*. New York: Marcel Dekker, Inc., 1968- . Vol. 1 (12-38).

AD HOC WORKING GROUP FOR CRITICAL APPRAISAL OF THE MEDICAL LITERATURE – *A Proposal for more informative abstracts of clinical articles Annals of Internal Medicine*, 106:4(1987) 598-604.

ACADEMIA DAS CIÊNCIAS DE LISBOA – *Dicionário da língua portuguesa contemporânea*. Lisboa: Verbo, 2001. Vol. 2.

AMAT NOGUERA, Nuria – *Documentación científica y nuevas tecnologías de la información*. Madrid: Pirámide, 1989.

AMAT NOGUERA, Nuria – *La documentación y sus tecnologías*. Madrid: Pirámide, 1994.

ANSI/NISO Z39.14. 1997 – *Guidelines for abstracts*. [Em linha]. Bethesda: National Information Standards Organization, 1997. [Consult. 24 de abr. 2012]. Disponível em www:<URL:http://www.niso.org/apps/group_public/download.php/6610/Guidelines%20for%20Abstracts.pdf>.

AURAM, Henriette D.; MCCALLUM, Sally H.; PRICE, Mary S. – *Organizations Contributing to Development of Library Standards*. 1982. [Em linha]. [Consult. 4 de ago. 2012]. Disponível em www:<URL:https://www.ideals.illinois.edu/bitstream/handle/2142/7260/librarytrendsv31i2d_opt.pdf?sequence=1>.

BATES, Marcia J. – *Information and knowledge: an evolutionary framework for information science* [Em linha]. [Consult. 4 de fev. 2013]. Disponível em www:<URL:http://informationr.net/ir/10-4/paper239.html>.

BERNARD, Jacqueline – *Méthodologie pratique: du résumé de texte et de la synthèse de documents*. Paris: Hatier, 1985.

BLUTEAU, Raphael – *Vocabulario portuguez e latino*. Coimbra: no Collegio das Artes da Companhia de Jesu; [Lisboa: na Officina de Pascoal da Sylva], 1712-[1721].

BIVAR, Artur – *Dicionario geral e analógico da língua portuguesa*. Porto: Edições Ouro Ldª., 1948-1958.

BORGES, Maria Manuel – *A esfera: comunicação académica e novos médias*. Coimbra: [s. n.], 2006. Dissertação de Doutoramento.

BORKO, Harold; BERNIER, Charles L. – *Abstracting concepts and methods*. New York [etc]: Academic Press, 1975.

BOURNE, Charles P.; HAHN, Trudi Bellardo – *A history of online information services*, 1963-1976 [Em linha]. Cambridge, Mass: MIT Press, 2003. [Consult. 02 de ago. 2012]. Disponível em www:<URL:http://books.google.pt/books?id=LTTvmUU8rskC&pg=PR11&lpg=PR11&dq=icsu-ab&source=bl&ots=m5vNQfl7de&sig=TkRRjNL_nQKKMNXyJkGunR4friY&hl=pt-PT&sa=X&ei=c2UZUK7QDOfXmAXlxoGACg&ved=0CF0Q6AEwCDgK#v=onepage&q=icsu-ab&f=false>.

BRIET, Suzanne – *Que es la documentación?*. Santa Fé (Arg.): Imprenta de La Universidad Nacional del Litoral, 1960.

BROWN, A. G.; LANGRIDGE, D. W.; MILLS, J. – *An introduction to subject indexing*. London: Clive Bingley, 1976.

BROWN, Ann l.; DAY, Jeanne – *Macrorules for summarizing texts: the development of expertise*. [Em linha]. Disponível em www<URL:http://citeseerx.ist.psu.edu/viewdoc/download?doi=10.1.1.190.7360&rep=rep1&type=pdf>.

BUCKLAND, Michael K. – What is a "Document"? *Journal of the American Society for Information Science* [Em linha]. 48:9(1997) 804-809. [Consult. 7 de jan. 2013]. Disponível em www:<URL:http://ehis.ebscohost.com/ehost/pdfviewer/pdfviewer?sid=b629f75d-b659--495f-b29b-fd6e71a809fd%40sessionmgr113&vid=2&hid=120>.

BURTON, R. E.; KEBLER, R. W. – The "half-life" of some scientific and technical literatures. *American documentation* [Em linha]. 11:1--4(1960) 11-22 [Consult. 27 de jun.]. Disponível em www:<URL:http://ehis.ebscohost.com/ehost/detail?sid=71319fca-de5c-4617-9c7a-43f4a095ed46%40sessionmgr114&vid=1&hid=101&bdata=JnNpdGU9ZWhvc3QtbGl2ZSZzY29wZT1zaXRl#db=bth&AN=16866076>.

CABRAL, Manuel de Pina – *Magnum lexicon novissimum latinum et lusitanum: ad plenissimam Scriptorum Latinorum interpretationem accomodatum*. Parisiis: Prostat Venale apud J.-P. Aillaud, 1846.

CASTILLO, António; CARRETÓN, Maria Carmen – Investigación en Comunicación: estudio bibliométrico de las Revistas de Comunicación en España. *Comunicación Y Sociedad* [Em linha]. 23:2(2010), 289--327. [Consult. 27 de jun.]. Disponível em www:<URL:http://www.unav.es/fcom/comunicacionysociedad/es/articulo.php?art_id=372>.

CHAN, Lois Mai; RICHMOND, Phyllis A.; SVENONIUS, Elaine – *Theory of subject analysis: a sourcebook*. Littleton (Colo): Libraries Unlimited, 1985.

CHAUMIER, Jacques – *Análisis y lenguajes documentales: el tratamiento lingüístico de la información documental*. Barcelona: Editorial Mitre, 1986.

CHAUMIER, Jacques – *Travail et méthodes du/de la documentaliste: connaissance du problème*. Paris: ESF Éditeur, 1993.

CLEVELAND, Donald B.; CLEVELAND, Ana D. – *Introduction to indexing and abstracting*. 3ª ed. Greenwood Village: Libraries Unlimited, 2001.

COLLISON, Robert L. – *Abstracts and abstracting services*. Santa Barbara: ABC-Clio, 1971.

COURRIER, Yves – Analyse et langage documentaires. *Documentaliste: Sciences de l'Information*. ISSN 0012-4508. 13:5-6 (1976) 178-189.

CREMMINS, Edward T. – *The art of abstracting*. Philadelphia: ISI Press, 1982.

CUNHA, Iria da [et al.] – Un algoritmo linguístico-estadístico para resumen automático de textos especializados. *LinguaMÁTICA* [Em linha]. 2(2009) 67-80. [Consult. 15 de jul. 2012]. Disponível em www:<URL:http://www.linguamatica.com/index.php/linguamatica/article/view/33>.

DE RERUM NATURA. [Em linha].[Consult. 15 de jul. 2012]. Disponível em www:<URL:http://dererummundi.blogspot.pt/2007/07/breve-histria-das-academias-cientficas.html>.

DIJK, Marcel Van; SLIPE, Georges Van – *Le service de documentation face à l'explosion de l'information*. Paris: Les Editions d'Organisation, 1969.

DIJK, Teun A. Van – *La ciencia del texto; un enfoque interdisciplinario*. Barcelona: Paidós, reimp. 1997.

DIJK, Teun A. Van – *Macrostructures: an interdisciplinary study of global structures in discourse, interaction, and cognition* [Em linha]. Hillsdale: Lawrence Erlbaum Associates, Publishers, 1980. [Consult. 10 de mai. 2012]. Disponível em www:<URL:http://www.discourses.org/OldBooks/Teun%20A%20van%20Dijk%20-%20Macrostructures.pdf>.

DIJKERS, M. P. J. M. – *Searching the literature for information on traumatic spinal cord injury: the usefulness of abstracts Spinal cord* [Em linha]. 41:2 (2003) 76–84. [Consult. 08 de ago. 2013]. Disponível em www:URL<http://www.nature.com/sc/journal/v41/n2/full/3101414a.html>.

EDMUNDSON, H. P. 1969. – New methods in automatic extraction. *Journal of the Association for Computing Machinery* [Em linha].

16:2(1969) 264–285. [Consult. 26 de jun. 2013]. Disponível em www:<URL:http://delivery.acm.org/10.1145/330000/321519/p264-
-edmundson.pdf?ip=193.137.210.126&acc=ACTIVE%20SERVICE&k
ey=C2716FEBFA981EF1F12D049DB7FAB82FA949D5919C74AF47&
CFID=343866128&CFTOKEN=42756276&__acm__=1372407472_bb-
172c346d3ef5abd688c4c5e7ce6f91>.

FERRAND, Pascale – *Mémoires de trévoux* 1 (1701-1767) [Em linha]. [Consult. 20 de nov. 2012]. Disponível em www:<URL:http://dictionnaire-journaux.gazettes18e.fr/journal/0889-memoires-de-
-trevoux-1>.

FIDEL, Raya – Writings abstracts for free-text searching. J*ournal of Documentation* [Em linha]. 42:1(1997) 11-21. [Consult. 6 de jun. 2013]. Disponível em www:<URL:http://faculty.washington.edu/fidelr/RayaPubs/WritingAbstractsforFreeText.pdf>.

FONDIN, Hubert – La structure et le vocabulaire de l'analyse documentaire: contribution pour une mise au point. *Documentaliste: Sciences de l'Information.* ISSN 0012-4508. 14:2(1977) 11-16.

FUGMANN, Robert – *Subject analysis and indexing: theorical foundation and practical advice.* Frankfurt - Main: Indeks Verlag, 1993.

GARCÍA GUTIÉRREZ, Antonio – Nuevos parámetros para una teoría de la indización de documentos. In Lopes Yepes, José, (coord.) - *Fundamentos de información y documentación.* Madrid: Eudema, 1989.

GREENAWAY, Frank – *A history of the International Council of Scientific Unions* [Em linha]. Cambridge: University Press, 1996. [Consult. 01 de ago. 2012]. Disponível em www:<URL:http://books.google.pt/books?id=ddqfAKMyDdgC&pg=PA168&lpg=PA168&dq=icsu-ab&source=bl&ots=ObQMVnDUex&sig=JWtOj-mXvEJdNIV8bWzk_Ry_68w&hl=pt-PT&sa=X&ei=hl8ZUJ7HIOqZmQWPkIBI&ved=0CFQQ6AEwAw#v=onepage&q=icsu-ab&f=false>.

GOONATILAKE, Susantha – *The evolution of information: lineages in gene, culture and artefact.* London: Pinter Publishers, 1991.

GUIMARÃES, C. A. – Structured abstracts: narrative review. *Acta Cirúrgica Brasileira* [Em linha]. 21:4(2006) 263–268. [Consult. 08 de ago. 2013]. Disponível em www:<URL:http://www.scielo.br/pdf/acb/v21n4/30215.pdf>.

GUINCHAT, Claire; MENOU, Michel – *Introduction générale aux sciences et techniques de l'information et de la documentation*. 2ª ed., rev. et augm. Paris: Unesco, 1990.

HARTLEY, James – Current findings from research on structured abstracts. *Medical Library Association*. 92:3(2004) 368–371.

HARTLEY, James – *Improving the clarity of Journal Abstracts in Psychology: the case for structure*. [Em linha] [Consult. 08 de ago. 2013]. Disponível em www:<URL:http://informationr.net/ir/hartley2.html>.

HARTLEY, James; Sydes. M. – *Structured abstracts in the social sciences: presentation, readability and recall*. R&D Report. 6211(1995).

HARTLEY, James – Clarifying the abstracts of systematic literature reviews. *Bulletin of the Medical Library Association* [Em linha]. 88:4(2000) 332–7. [Consult. 01 de ago. 2013]. Disponível em: www:<URL:http://www.pubmedcentral.nih.gov/articlerender.fcgi?artid=35254&tool=pmcentrez&rendertype=abstract>.

HARTLEY, J.; Sydes, M.; Blurton, A. – Obtaining information accurately and quickly: are structured abstracts more efficient? *Journal of Information Science*. 22:5(1996) 349–356.

HAYNES, R. Brian [et al.] – More informative abstract revisited. *Annales of Internationale Medicine*. [Em linha]. 113:1(1990) 69--76. [Consult. 08 de ago. 2013]. Disponível em www:<URL:http://johnstrogerhospital.org/hospitalmedicine/images/resources/102910--032413pm-3698.pdf>.

HOUAISS, António – *Dicionário Houaiss da língua portuguesa*. Lisboa: Temas & Debates, 2003. Vol. 3.

INTERNATIONAL FEDERATION FOR DOCUMENTATION – *Abstracting Services*. The Hague, 1969.

INTERNATINAL POLITICAL SCIENCE ABSTRACTS: *Documentation Politique Internationale*, 58:6(2008).

ISO 5963. 1985, Documentation – *Méthodes pour l'analyse des documents, la détermination de leur contenu et la sélection des termes d'indexation*. Genève: ISO, 1988.

ISO 214. 1976, Documentation – *Analyse pour les publications et la documentation*. Genève: ISO, 1988.

ISO 690. 2010, Information and documentation – *Guidelines for bibliographic references and citations to information resources* [Em linha]. 3ª ed. Genève: ISO, 2010. [Consult. 1 de out. 2013]. Disponível em www:<URL:http://www.medline.org.cn/attachment/201364/1370309271657.pdf>.

IZQUIERDO ALONSO, Mónica – La investigación en el resumen documental: dimensiones, enfoques y técnicas. In *A ciência da informação criadora de conhecimento*: Actas do IV Encontro Ibérico EDIBCIC 2009 [Em linha]. Coimbra: Imprensa da Universidade, 2009. Pág. 65-75. [Consult. 8 de mai. 2012]. Disponível em www:<URL:http://www.eventos-iuc.com/ocs/public/conferences/1/schedConfs/1/actas_EDIBCIC2009_2.pdf>.

IZQUIERDO ALONSO, Mónica; MORENO FERNÁNDEZ, Luis Miguel – El resumen documental: un reto didáctico. Madrid: Federación Española de Asociaciones de Archiveros, Bibliotecarios, Arqueólogos, Museólogos y Documentalistas, 2009. IZQUIERDO ARROYO, José María – Teoría del resumen. In *Esquemas de lingüística documental*. Barcelona: PPU, 1999. Vol. 2, P. 464-483.

KNIGHT, G. Norman – *Indexing, the art of*. 3ª ed. London [etc.]: George Allen & Unwin, 1983.

KRONICK, David A. – *A history of scientific and technical periodicals: the origins and development of the scientific and technical press*, 1556-1790. New York: The Scarecrow Press, 1962.

LANCASTER, Frederick W. – Do indexing and abstracting have a future? *Anales de Documentación* [Em linha]. (6)2003 137-144.

[Consult. 7 de out. 2012]. Disponível em www:<URL:http://digitum. um.es/xmlui/handle/10201/3845>.

LANCASTER, Frederick W. – *Indexing and abstracting in theory and practice*. London: Library Association Publishing, 1991.

LANCASTER, Frederick W; Neway. Julie M. – The future of indexing and abstracting services. *Journal of the American society for information science* [Em linha]. 33:3(1982) 183-190. [Consult. 7 de out. 2012]. Disponível em www:<URL:http://ehis.ebscohost.com/ehost/pdfviewer/pdfviewer?sid=d1c1fcf6-96c9-4c10-9e7e-69ce81ce1ced%40sessionmgr112&vid=2&hid=121>.

LANGRIDGE, Derek Wilton – *Subjectc analysis: principles and procedures*. London: Bowker: Saur, 1989.

LÓPEZ YEPES, José – Reflexiones sobre el concepto de documento ante la revolución de la información: ¿un nuevo profesional del documento? *Scire 3:1*, en.-jun. 1997, p. 11-29.

*LOS DOCUMENTOS Y SUS CLASES* [Em linha]. [Consult. 10 de mar. 2013]. Disponível em www:<URL:https://cv2.sim.ucm.es/moodle/file.php/10858/Los_documentos_y_sus_clases_en_manual_de_2006.pdf>.

LUHN, H. P. - The Automatic Creation of Literature Abstracts. *IBM Journal of research and development* [Em linha]. 2:2(1958). 159-165. [Consult. 27 de jun. 2013]. Disponível em www:<URL:http://code.google.com/p/text-analysis/downloads/detail?name=luhn58.pdf>.

MAIZEL, Robert E.; SMITH, Julian F.; SINGER, T. E. R. – *Abstracting scientific and technical literature: an introductory guide and text for scientists, abstractors, and management*. New York [etc.]: Wiley-Interscience, 1971.

MANZER, B. M. – *The abstract journal, 1790-1920: origin, development, and diffusion*. Metuchen: Scarecrow Press, 1977.

MARTINEZ COMECHE, J. A. – El documento. In LÓPEZ YEPES, José (coord.) – *Manual de Ciencias de la documentación*. Madrid: Ediciones Pirámide, 2002.

MENDES, Maria Teresa Pinto; SIMÕES, Maria da Graça – *Indexação por assuntos: princípios gerais e normas*. Lisboa: Gabinete de Estudos a&b, 2002.

MONTESI, Michela – *Métodos de evaluación y calidad de resúmenes documentales*. Gijón: Trea, 2006.

MOREIRO GONZÁLEZ, Jose Antonio – *El contenido de los documentos textuales: su análisis y representación mediante el lenguaje natural*. Gijón: Trea, 2004.

MOREIRO GONZÁLEZ, Jose Antonio – El resumen y la comunicación científica: variedad de aplicaciones. *Cuadernos de documentación de Cajas de Ahorros*, 3:7-8(1988) 57-88.

MOREIRO GONZÁLEZ, Jose Antonio – Criterios e indicadores para evaluar la calidad del análisis documental de contenido. In *Ciência da Informação* [Em linha]. 1:31(2002) 53-60 [Consult. 12 dez.] Disponível em www:<URL:http://www.scielo.br/pdf/ci/v31n1/a06v31n1.pdf>.

NARINE Lutchmie [et al.] – Quality of abstracts of original research articles in CMAJ in 1989. *CAN MED ASSOC J*. [Em linha]. 4:144(1991) [Consult. 21 de jan. 2014]. Disponível em www:<URL:http://www.ncbi.nlm.nih.gov/pmc/articles/PMC1452817/?page=1>.

NASCENTES, Antenor – *Dicionário etimológico da língua portuguesa*. Rio de Janeiro: [s.n.], 1932.

NASCIMENTO, Lucia Maria Barbosa do; GUIMARÃES, José Augusto Chaves – Documento jurídico digital: a ótica da diplomática. *Informação. jurídica: teoria e prática*. Brasília: Thesaurus (2004) 33-77.

NEVES, José Luís – Pesquisa qualitativa: características, usos e qualidades. *Cadernos de pesquisa de administração* [Em linha]. 1:3(1996). [Consult. 21 de out. 2013]. Disponível em www:<URL:http://www.ead.fea.usp.br/Cad-pesq/arquivos/C03--art06.pdf>.

NATIONAL FEDERATION OF ADVANCED INFORMATION SERVICES – *Years of knowledge & experience* [Em linha]. [Consult. 11 de set. 2012]. Disponível em www:<URL:http://www.nfais.org/page/62-history>.

NOBODITY, W. – The relevance of terminologies for automatic abstracting. *Journal of Information science*. 4:4(1982), 161-165.

O'CONNOR, B. C. – *Explorations in indexing and abstracting: pointing, virtue and power*. Englewood: Library Unlimited, Inc. 1996.

OLSON, Hope; COLL, John J. – *Subject analysis in online catalogs*. Englewood (Col.): Libraries Unlimited, 2001.

ORTEGA, Cristina Dotta; LARA, Marilda Lopez Ginez de – A noção de documento: de Otlet aos dias de hoje. *Revista da Ciência da Informação* [Em linha]. 2:11(2010). [Consult. 11 de jan. 2013]. Disponível em www:<URL:http://www.dgz.org.br/abr10/Art_03.htm>.

OTLET, Paul – *Traité de documentation: le libre sur le libre: théorie et pratique* [Em linha]. Bruseles: Mundaneum, 1934 [Consult. 11 de mai. 2012]. Disponível em www:<URL:http://lib.ugent.be/fulltxt/handle/1854/5612/Traite_de_documentation_ocr.pdf>.

PAM DIVISION AWARD CITATION FOR 2005 [Em linha] [Consult. 10 de set. 2012]. Disponível em www:<URL:http://www.emis.de/MATH/JFM/PAM_Division_Award_Jahrbuch_200.pdf>.

PEÑAS HUERTAS, Maria José – *Resumen documental: ejercicios prácticos*. Madrid: Estudios de Técnicas Documentales, 2012.

PHYSICS ABSTRACTS. London: INSPEC. Vol. 13(1999). ISSN 0036-8091.

PORTUGAL. INSTITUTO DA BIBLIOTECA NACIONAL E DO LIVRO. CT7 – *Norma portuguesa NP 405-1: referências bibliográficas: documentos impressos*. Lisboa: Instituto Português da Qualidade, 1995.

PORTUGAL. INSTITUTO DA BIBLIOTECA NACIONAL E DO LIVRO. CT7 – *Norma portuguesa NP 418: Documentação: Resumos analíticos para publicações e documentação*. Lisboa: Instituto Português da Qualidade, 1988.

PINTO MOLINA, Maria – *Aprendiendo a resumir: prontuário y resolución de casos*. Gijón: Trea, 2005.

PINTO MOLINA, Maria – *Análisis documental: funadamentos y procedimentos*. 2ª ed. Madrid: Eudema, 1993.

PINTO MOLINA, Maria; GÁLVEZ, Carmen – *Análisis documental de contenido: procesamiento de información*. Madrid: Síntesis, 1996.

PINTO MOLINA, María – Documentary abstracting: toward a methodological model. *Journal of the American Society for Information Science* [Em linha]. 46(3)(1995) 225-234. [Consult. 12 de dez. 2012]. Disponível em www:<URL:http://www.ugr.es/~mpinto/web/doc/JASIS.pdf>.

PINTO MOLINA, María – La operación de resumir: formulación teórica procedimientos y perspectivas. *Documentación de las ciencias de la información* [Em linha]. ISSN 0210-4210. 11(1987-1988) 75-102. [Consult. 4 de mai. 2012]. Disponível em www:<URL:http://dialnet.unirioja.es/servlet/articulo?codigo=51292>.

PINTO MOLINA, Maria – *El resumen documental: paradigmas, modelos y métodos*. Madrid: Fundación Germán Sánchez Ruipérez, 2001.

RAMÍREZ SAN MARTÍN, J. Antonio – El resumen representativo. *Ciencia y técnica en el mundo*. 449(1976) 460-486.

RIAZ, Muhammad – *Advanced indexing and abstracting practices*. New Delhi: Atlantic Publishers & Distributors, 1989 [Em linha] [Consult. 10 de ago. 2012]. Disponível em www:<URL:http://books.google.pt/books?id=nIUkl7bLzYUC&pg=PA5&lpg=PA5&dq=Monatsextracte,&source=bl&ots=-BWDLUo0P7&sig=XbJDfANYmQi52_xufJNUHj4uNW0&hl=pt-PT&sa=X&ei=lrQkUNeTJcmn0QWz64DACg&sqi=2&ved=0CDAQ6AEwAA#v=onepage&q=Monatsextracte%2C&f=false>.

ROWLEY, Jennifer E. – *Abstracting and indexing*. London: Clive Bingley, 1982.

RUBIO LINIERS, Maria Cruz – *El análisis documental: indización y resumen en bases de datos especializadas* [Em linha]

[Consult. 4 de mai. 2012]. Disponível em www:<URL:http://eprints.rclis.org/bitstream/10760/6015/1/An%C3%A1lisis_documental_indizaci%C3%B3n_y_resumen.pdf>.

RUIZ PÉREZ, Rafael – *El análisis documental: bases terminológicas, conceptualization y estructura operativa*. Granada: Universidad de Granada, 1992.

SALAGER-MEYER, Françoise – Medical English Abstracts: how well are they structured? *Journal of the American Society for Information Science* [Em linha]. 42:7(1991), 528-31. [Consult. 12 de dez. 2012]. Disponível em www:<URL:http://primo-service.hosted.exlibrisgroup.com/primo_library/libweb/action/search.do?dscnt=0&frbg=&tab=pesquisa_rapida&dstmp=1375890356951&srt=rank&ok1.x=8&ct=search&mode=Basic&ok1.y=18&dum=true&indx=1&vl(freeText0)=%C2%A0Medical%20English%20Abstracts%3A%20How%20Well%20Are%20They%20Structured%3F%20&fn=search&vid=FCCN_V1>.

SCHAMBER, Linda – What is a document? Rethinking the concept in uneasy times. *Journal of the American Society for Information Science* [Em linha]. 47(9)(1996) 669-671. [Consult. 12 de dez. 2012]. Disponível em www:<URL:http://ehis.ebscohost.com/ehost/pdfviewer/pdfviewer?sid=3022a72b-3539-4886-8ad7-1c69422f8967%40sessionmgr14&vid=2&hid=1>.

SHOLNIK, Herman – Historical development of abstracting. *Journal of Chemical Information and computer sciences*. 19:4(1979) 215-228.

SIMÕES, Maria da Graça – *Da abstracção à complexidade formal: relações conceptuais num tesauros*. Coimbra: Almedina, 2008.

SIMÕES, Maria da Graça – *Classificações bibliográficas: percurso de uma teoria*. Coimbra: Almedina, 2008.

SIMÕES, Maria da Graça; FERREIRA, Carla – Resumo e abstract: evolução morfológica e semântica. *Biblos*. Coimbra: Universidade de Coimbra, Vol, 11 (2ª Série) (2014) 531-550.

SIMÕES, Maria da Graça [et al.] – *O resumo como recurso privilegiado na divulgação da produção científica: origem e evolução do resumo estruturado*. I Congresso ISKO Espanha e Portugal [Em linha]. Porto: FLUP: CETAC, 2013. P. 879-900. [Consult. 12 nov. 2014] Disponível em www:<URL:http://www.youblisher.com/p/749221-I--Congresso-ISKO-Espanha-e-Portugal-XI-Congreso-ISKO-Espana/>.

SKEAT, Walter W. – *An etymological dictionary of the english language*. Oxford: At The Clarendon Press, 1924.

SOUSA, Maria José; BAPTISTA, Cristina Sales – *Como fazer investigação, dissertações, teses e relatórios*. Lisboa: Pactor, 2001.

SVENONIOUS, Elaine – *Theory of subject analysis: a sourcebook*. Littleton: Libraires Unlimited, 1985.

TADDIO, A. [et al.] – Quality of nonstructured and structured abstracts of original research articles in the British Medical Journal, the Canadian Medical Association Journal and the Journal of the American Medical Association. *CMAJ* [Em linha]. 10:150(1994) 1611–1615. [Consult. 6 de set. 2013]. Disponível em www:<URL:http://www.ncbi.nlm.nih.gov/pmc/articles/PMC1336964/>.

THOMPSON, Charles W. N. – The Functions of abstracts in the Initial screening of technical documents by the user. *Journal of the American Society for Information Science* [Em linha]. 24:4(1973) 270-276. [Consult. 6 de jun. 2013]. Disponível em www:<URL:http://ehis.ebscohost.com/ehost/pdfviewer/pdfviewer?sid=4a9dd581-d862--4b70-901d-5c5072b61bea%40sessionmgr111&vid=2&hid=116>.

UNE 50-103. Documentación. *Preparación de resumes*. Madrid: AENOR, 1990.

UNESCO – *Guide for preparation for the scientific papers for publication* [Em linha]. Paris: UNESCO, 1983. [Consult. 22 de jul. 2013]. Disponível em www:<URL:http://unesdoc.unesco.org/images/0005/000557/055778EB.pdf>.

VALLE GASTAMINZA, Félix del – Documento. *Concepto y tipología*. [Em linha] [Consult. 12 de jan. 2013]. Disponível em www:<URL: http://www.ucm.es/info/multidoc/prof/fvalle/tema3.htm>.

VUGHT, Frans A. van; Westerheijden, Don F. – Towards a general model of quality assessment in higher education. *HigherEducation* [Em linha]. 28(1994) 355-371. [Consult. 8 de mar. 2012]. Disponível em www:<URL:http://wustl.edu/community/faculty-staff/assets/ Towards-a-General-Model.pdf>.

WITTY, Francis J. – The beginnings of indexing and abstracting: some notes towards a history of indexing and abstracting in antiquity and the middle ages. *The Indexer* [Em linha]. 8:4(1973) 193-198. [Consult. 4 de mar. 2012]. Disponível em www:<URL:http://www. theindexer.org/files/08-4/08-4_193.pdf>.

WOLF, A. – *A history of science technology, and philosophy in the 16th & 17th centuries*. London: George Allen & Unwin, 1962.

WORLD INTELLECTUAL PROPERTY ORGANIZATION – *What is a patent?* [Em linha] [Consult. 4 de nov. 2013]. Disponível em www:<URL:http://www.wipo.int/patents/en/>.